# TOEIC® TEST
# リスニング苦手解消トレーニング

Part1 と Part2 を重点的にトレーニングして
ここだけは確実に全問正解を目指しましょう！

田上達夫　上田妙美
Tagami Tatsuo　Ueda Taemi

※**注意**
付属の CD は MP3 データ CD-ROM です。
一般的な音楽 CD（CD-DA）ではないので、MP3 未対応のラジカセなどでは再生できません。パソコンまたは MP3 対応のプレイヤーにて再生してください。

# はじめに

　近年、「英語が嫌い」と話す人が大勢いる中で、「英語は大嫌いだけど、TOEIC の勉強をしなければならない…」、「どうやって TOEIC の勉強をしたらいいのかわからない…」と話す英語学習者が多くおられます。

　TOEIC の勉強をするのに、Reading と Listening のすべてのパートから手がけるのではなく、口語表現に限定され、語彙レベルの比較的易しいリスニングから学習を始めることをおすすめします。

　特に、初歩の段階では単文・短文で構成されている Part 1 と Part 2 から学習を始めることがひとつの得策です。これら 2 つのパートは、「読む」ことは必要とせず、「聴く」ことに集中できるからです。（聴解力が上達してくると、文脈のある Part 3 や Part 4 の方が答えやすくなってくることもあります。）

　TOEIC の満点は約 990 点でその内リスニング部門は全体の 50%（5～495 点）を占めています。したがってリスニング部門の点数が向上することにより TOEIC の点数を向上させることが可能になります。また、リスニング部門は、文法問題やリーディングの問題と違って、多くの暗記時間を費やすことなく点数を上げることが可能な部門でもあります。

　今回ご縁があり、リスニングに対応した TOEIC の初心者向けリスニング問題集（しかも、Part 1 と Part 2 の問題数を多く盛り込んだ）を出版できる機会に恵まれたことを光栄に思います。

　TOEIC の勉強をどうしたらいいかわからない、リスニングをどうやって勉強していいのかわからない、点数をあげたいが何から手をつければいいのかわからない等々、悩みを抱えている方に、"まずはこの本から"という感覚で手にしてもらえたら幸いです。

田上達夫　上田妙美

### 付属の MP3 音声について

【再生方法等】
① パソコンに CD を入れてください。
② Windows Media Player・iTunes 等が自動で開き再生できます。
③ 複数のソフトの選択が表示される場合
　画面に再生ソフト一覧が表示されるので使用するソフト
　(Windows Media Player・iTunes 等) の「再生します」を選択してください。
　再生ソフトが開き再生できます
④ なにもソフトが表示されず再生できない場合
　・Windows ロゴ (スタートボタン) ボタンより「マイコンピュータ」を選び「CD・DVD ドライブ」を選択してください
　・Windows Media Player・iTunes 等が自動で開き再生できます。
　　・複数のソフトの選択が表示される場合
　　画面に再生ソフト一覧が表示されるので使用するソフト (Windows Media Player・iTunes 等) の「再生します」を選択してください。
　　再生ソフトが開き再生できます

【iTunes に取り込む場合】
① パソコンに CD を入れてください。
② Windows Media Player 等が自動で立ち上がっている場合は終了させてください。
③ iTunes を立ち上げてください。
④ 左上、ツールバーの左から 2 番目の「編集」をクリック、一番下の「設定」を選択してください。
⑤ ウインドが開きます。さらに一番右の「詳細」をクリックしてください。「詳細環境設定」のウインドとなります。
⑥ その中の「ライブラリへの追加時にファイルを [iTunes Media] フォルダーのコピーする」にチェック☑をしてさらに下の「OK」をクリックして設定を完了してください。これで、MP3CD を取り込んだ時の保存場所が設定されます。
⑦ 次に iTunes 左上、ツールバーの「ファイル」をクリックしてください。
⑧ その中の「ファイルをライブラリに追加」を選んでください。
⑨ 別ウインドで MP3 の音声ファイル一覧が表示されます。
　(音声ファイルが表示されない場合は CD の場所を選んで表示させてください)
⑩ MP3 ファイル全てを選択して「開く」をクリックすると保存が始まります。
　(ファイル数が多ため多少時間がかかると思います)

TOEIC® TEST リスニング苦手解消トレーニング
# CONTENTS

はじめに　3
注意点と戦術　9
この本の特徴　10

# I 問題説明と練習問題　11

## トレーニング1　Part1 写真描写問題　12

Part1 写真描写問題（Photographs）について　12
Part1 での留意点　12
問題例-1　14
問題例-2　15
Part1 練習問題　日本語編　16
Part1 練習問題　英語バージョンで再チャレンジ　19
Part1 練習問題　英語実践編　23
Part1 練習問題　英語実践編　解答＆解説　27

## トレーニング 2　　Part2 応答問題　　30

Part2 応答問題（Responses）について　　30
Part2 での留意点　　30
問題例 -1　　34
問題例 -2　　35
Part2 練習問題　日本語編　　36
Part2 練習問題　英語バージョンで再チャレンジ　　37
Part2 練習問題　英語実践編　　39
Part2 練習問題　英語実践編　解答＆解説　　40

## トレーニング 3　　Part3 会話問題　　42

Part3 会話問題（Short conversations）について　　42
Part3 での留意点　　43
問題例　　45
Part3 練習問題　日本語編　　48
Part3 練習問題　英語バージョンで再チャレンジ　　52
Part3 練習問題　英語実践編　　56
Part3 練習問題　英語実践編　解答＆解説　　60

| トレーニング4 | **Part4 説明文問題** 64 |

Part4 説明文問題（Short talks）について 64
Part4 での留意点 64
問題例 66
Part4 練習問題 日本語編 70
Part4 練習問題 英語バージョンで再チャレンジ 74
Part4 練習問題 英語実践編 78
Part4 練習問題 英語実践編 解答＆解説 82

# II 実践模擬テスト　87

模擬テスト解答用紙　88
Part1 問題 1-10　89
Part2 問題 11-40　94
Part3 問題 41-70　96
Part4 問題 71-100　106
Part1 トランスクリプト＆解答・解説　116
Part2 トランスクリプト＆解答・解説　121
Part3 トランスクリプト＆解答・解説　131
Part4 トランスクリプト＆解答・解説　146

模擬テスト Part1 再チャレンジ①　162
模擬テスト Part1 ①トランスクリプト＆解答・解説　167
模擬テスト Part1 再チャレンジ②　172
模擬テスト Part1 ②トランスクリプト＆解答・解説　177
模擬テスト Part1 再チャレンジ③　182
模擬テスト Part1 ③トランスクリプト＆解答・解説　187
模擬テスト Part2 再チャレンジ①　192
模擬テスト Part2 ①トランスクリプト＆解答・解説　194
模擬テスト Part2 再チャレンジ②　204
模擬テスト Part2 ②トランスクリプト＆解答・解説　206

# 注意点と戦術

最初に以下の注意点と戦術を参考にしてください。

## ❶ 各パートの問題パターンを心得ておく

　リスニングは、全部で 4 つのパートに分かれています。問題パターンを頭に入れておくことで、限られた解答時間内の無駄な時間を省くことが可能になります。放送文が流れ始めてから慌てるのではなく、しっかり心の準備をしてからリスニング問題に挑みましょう。

## ❷ わからなかったらあっさりあきらめて、次の問題に備える

　リスニング問題では、一定の時間が経過すれば次の問題の英文が放送されるため、わからない問題には時間をかけてはいけません。引きずらないことです。切り換えが非常に重要です。これは TOEIC のすべてのリスニングパートに共通することです。

## ❸ 答えがわからなかった場合は統一した選択肢を決めておく

　答えの選択肢が選べなかった場合は、例えば最初から最後まですべて（C）にするなど、自分なりのルールを決めておきます。科学的根拠はありませんが、答えを統一することにより当たる場合も出てきます。また、次の問題にすぐに取りかかれる利点があります。

## ❹ マークシートを賢く使う

　解答の度にマークを丁寧に塗りつぶしていると時間がかかり、次の問題の準備に遅れをとります。軽く選択肢にチェック入れておき最後にそれらを一気に塗りつぶす方法もあります。

## 本書の特徴

　本書では、TOEICの問題の概要とパターンを知っていただくために、解説編の各パートの最初の練習問題は「日本語」となっています。

　問題パターンを知るだけならば、英語によるサンプル問題を確認すればそれで済みます。しかし、流れてくる文章を聞きながら"どのようなことに注意を払わなければならないか"ということを"実感"するには、初めから英文でチャレンジしても困難だと考えました。

　まずは、聞いてすぐに理解できる「日本語」で問題を解き、各パートでどのような点に注意すべきかを確認してから、「英語」による練習問題を解いてもらう順序にしてあります。

　問題パターンや、注意点がわかれば、焦りや動揺も少なくなり、問題を解くことに集中しやすくなります。また、質問の内容や解答もある程度推測できるようになります。

　「日本語」の練習問題の後に、「英語」の練習問題が用意されており、通常よりゆっくりした速度から始まり徐々に実際のテストと同じ速さで読まれています。答えの選択肢の数も、「（通常より）少ない→（実際の問題と同じ数まで）増やして」ステップを踏んでいます。

　なお、実践問題編では実際のTOEICと同じスピードで録音しています。

# I
# 問題説明と練習問題

# トレーニング 1　PartI 写真描写問題

## 📢 PartI　写真描写問題(Photographs)について

◆写真描写問題は全部で 10 題です。
◆各写真について、4 つの英文が読まれます。（読まれるのは 1 回だけです。）その中から写真描写として正しいものを 1 つ選びます。放送される英文は印刷されていません。
◆解答時間（問題が終わり、次の問題にいくまでの時間）は 5 秒です。

　写真は人や風景、物体など、日常生活の中でふれることができるものが多くあります。写真をよく見ながら、リスニングに集中して答えを選びます。

## PartI での留意点

### 【音声が流れ出す前に写真を見る】

1. 人が写っている写真の場合：
　　＊写っている人（人たち）が、どこで何をしているかの確認をします。
　　　（写っている人物が 1 人の場合と、複数の場合とに分類されます。）
　　＊服装、周りにあるものを確認します。

2. 風景写真の場合：
　　＊どんな場所なのかを確認します。
　　＊背景には何が写っているのかにも目を通します。

3. 物体写真の場合：
   \* どの場所、どの位置に、どのように置いてあるかの確認をします。
   \* その物の材料、機能、目的も考えます。

## 【音声が流れ出したら、各文に集中】

1. 人物の写真の場合、動作を表す各動詞（現在進行形の文）に注意
   \* 人物写真の場合、動作や行動を表す現在進行形の文章が頻出します。誰が「何を」「どうしているのか」、各動詞と目的語を注意して聞いてください。

2. 人物写真の場合、身に着けているものを表す語や語群も注意して聞く
   \* どのような服装をして、どのようなものを身に着けているか（例：glasses, a cap 等）、その説明に注意しましょう。

3. 写真には写っていない名詞に注意
   \* 写真とは明らかに関係のない単語が聞こえてきたら、正解にはなりません。
   他の部分で正しい印象を受けても、答えとして選択しないようにしましょう。

4. 場所を表す「前置詞」や「前置詞＋名詞」の語群に注意
   \* 動作を表す動詞は正しくても、場所や位置を表す語、語群が異なることがあります。文の終わりまで注意して聞いてください。

5. 似ている発音の単語に注意
   \* 発音や音声が似ている単語を文章に組み入れることによって、解答者を混乱させることがあります。類音語に注意してください。

例題を見て聞いて、確認してみましょう。

## 問題例― 1

MP3 track 001

Ⓐ Ⓑ Ⓒ Ⓓ

・・・・・・・・・・・・・・・・・・・・・・・・・・・・・・・・・・・・・・・・・・・・・・・・・・・・・・・・

### 【解説＆訳】

(A) The man is playing with a dog.　　（男性が犬と遊んでいます。）
(B) The man is wearing a cap.　　（男性は帽子をかぶっています。）
(C) The man is talking to a doctor.　　（男性は医者に話しかけています。）
(D) The man is standing on a dock.　　（男性は波止場に立っています。）

(A) が正解です。(C) はドクター（doctor）とドッグ（dog）の音声の違い、(D) はドッグ（dog）とドック（dock）の間違いを誘う選択肢です。注意しましょう。また、男性は、a cap（野球帽）は身に付けていないため、(B) も誤りです。

## 問題例 − 2

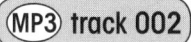

---

【解説＆訳】

(A) There is a man in a plain T-shirt. （柄のないTシャツを着た男性がいます。）
(B) An airplane is flying in the sky. （飛行機が空を飛んでいます。）
(C) There is an airplane in the airport. （飛行場に飛行機が1機あります。）
(D) Many passengers are sitting in their seats. （多くの乗客が座っています。）

(C) が正解です。plain（柄のない、飾りのない）と plane（飛行機）は同じ音ですが、意味が異なり写真の説明にはなりません。飛行機は着陸しており、空を飛んではいません。また、機内の人々の様子などは写真からは何もわかりません。

# 🔊 Part1 練習問題　日本語編

> それでは、実際にPart1の練習問題を日本語で行なってみましょう。

　最初の練習問題は日本語の録音になっています。
　問題パターンを知り、どんなことを意識して流れる文章に耳を傾ければよいかを考えながら解いてみてください。
　また、選択肢の数を問題1では2つ、問題2では3つ、問題3では4つと、1つずつ増やしています。選択肢の数が増えていくことによりどのような違いがあるか、どのようなことをより意識しなければならなくなるかを、感じながら問題を解いてみてください。
　さらに、日本語の練習問題の後には、その英語バージョンを用意しています。英語バージョンで実際のテストをイメージしてください。

---

## 練習問題　日本語編

**MP3 track 003-005**

1.

2.

Ⓐ Ⓑ Ⓒ

3.

Ⓐ Ⓑ Ⓒ Ⓓ

## 練習問題 日本語編 解説

### 問題 1

Ⓐ Ⓑ

**＊正解（B）**

◆流れた日本文
(A) 男性は車を洗っています。
(B) 男性は車にガソリンを入れています。

◆解説
1人の男性が写真に写っています。作業を見れば、(A) でないことは明らかです。正解は (B) です。

### 問題 2

Ⓐ Ⓑ Ⓒ

**＊正解（C）**

◆流れた日本文
(A) 通りに象が1頭だけいます。
(B) 多くの象が道に寝そべっています。
(C) 象の背中には、人が腰掛ける所があります。

◆解説
通りには複数の象がいて、寝そべってはいないことから (A) と (B) は答えとしては不可。象の背中に人が腰掛けられる場所が設置されているため、正解は (C) です。

### 問題 3

Ⓐ Ⓑ Ⓒ Ⓓ

**＊正解（D）**

◆流れた日本文
(A) 女性は手紙を書いています。
(B) 男性は病院で寝ています。
(C) 女性はジグザグの線を引いています。
(D) 女性はジグソーパズルをしています。

◆解説
女性が台の上で何か作業をしています。手紙を書いているわけでも、線を引いているわけでもないため (A) と (C) は不可。作業をしているのは女性であり、男性ではありません。(B) も不可。正解は (D) です。

それでは、今の日本語の練習問題を英語でチャレンジしてみましょう。

## 練習問題　英語バージョンで再チャレンジ

(MP3) track 006-008

1.

Ⓐ Ⓑ

2.

Ⓐ Ⓑ Ⓒ

3.

# 練習問題 英語バージョンで再チャレンジ 解説

## 問題 1

Ⓐ Ⓑ

**＊正解（B）**

◆流れた英文
(A) The man is washing a car.
　　（男性は車を洗っています。）
(B) The man is putting gas in a car.
　　（男性は車にガソリンを入れています。）

◆語句説明
put gas in a car「車にガソリンを入れる」

## 問題 2

**＊正解（C）**

◆流れた英文
(A) There is only one elephant on the street.
　　（通りに象が一頭だけいます。）
(B) Many elephants are lying on the street.
　　（多くの象が道に寝そべっています。）
(C) There is a place to be seated on the elephant.
　　（象の背中には、人が腰掛ける所があります。）

◆語句説明
lie on ～「～に横になる、寝そべる」、place to be seated「腰を掛ける場所」

## 問題 3

## ＊正解（D）
◆流れた英文
- (A) The woman is writing a letter.
  （女性は手紙を書いています。）
- (B) The man is sleeping in the hospital.
  （男性は病院で寝ています。）
- (C) The woman is drawing a zigzag line.
  （女性はジグザグの線を引いています。）
- (D) The woman is doing a jigsaw puzzle.
  （女性はジグソーパズルをしています。）

◆語句説明
draw a line「線を引く」、zigzag line「ジグザグの線」、do a jigsaw puzzle「ジグソーパズルをする」

# 🔊Part1 練習問題 英語実践編

それでは今度は、本来の英文で練習問題にチャレンジしてみましょう。

　日本語問題と同じように、選択肢の数を問題1と2では2つ、問題3と4では3つ、問題5と6では4つと、1つずつ増やしてあります。少しずつ問題に慣れていきましょう。

　英文を読むスピードは2つ用意しています。

　最初に、実際のテストより少しゆっくりしたスピードのものが読まれ、その後に、実際のテストと同じスピードのものが読まれます。解答し終えたら、すぐに次の問題の写真を見て、次の問題にとりかかるように心がけてください。

## 練習問題

ゆっくりスピード　　MP3 track 009-014

1.

Ⓐ　Ⓑ

2.

Ⓐ Ⓑ

3.

Ⓐ Ⓑ Ⓒ

4.

5.

6.

Ⓐ Ⓑ Ⓒ Ⓓ

それでは、今の問題を今度は通常スピードの英語で再度聞いてみましょう。

ノーマルスピード

# Part1 練習問題 英語実践編 解答&解説

## 問題1

＊正解（B）

◆流れた英文&訳
(A) Two ladies are working in the office.
 （2人の女性が事務所で仕事をしています。）
(B) One lady is wearing a life jacket.
 （1人の女性がライフジャケットを着ています。）

◆語句&解説
2人の女性が写真に写っていますが、場所が事務所ではないことは明らかです。左の女性がライフジャケットを着用しており、正解は(B)。

## 問題2

＊正解（A）

◆流れた英文&訳
(A) The woman is using a computer.
 （女性がコンピュータを使っています。）
(B) There is a computer by the window.
 （窓際にコンピュータがあります。）

◆語句&解説
by the window「窓際に」
写真の中に窓は見えません。なので(B)は答えとして不可。

## 問題 3

＊正解（B）
◆流れた英文&訳
(A) Many motorbikes are parked along the street.
（多くのモーターバイクが通りに駐車してあります。）
(B) There are some traffic lights in the street.
（通りにいくつかの信号機があります。）
(C) Some people are getting on a bus.
（何人かの人々がバスに乗っているところです。）

◆語句&解説
(be) parked along~「~に沿って駐車されている」/traffic light「信号機」/get on~「~に乗る」
信号機が見えます。通りにモーターバイクは、駐車はしておらず、バスに乗ろうとしている人も写っていないため、(A) と (C) は不正解。

## 問題 4

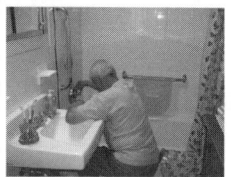

＊正解（C）
◆流れた英文&訳
(A) The man is taking a shower.
（男性がシャワーを浴びています。）
(B) The man is about to wash his clothes.
（男性が自分の服を洗おうとしています。）
(C) The man is fixing a faucet in the bathroom.
（男性は浴室の蛇口を修理しています。）

◆語句&解説
take a shower「シャワーを浴びる」/(be) about to~「(今にも) ~しようとしている」/fix「修理をする」/faucet「蛇口」
シャワーを浴びている男性も、服を洗おうとしている男性も写っていないため、(A) と (B) は答えにはなりません。

## 問題 5

### ＊正解（C）
◆流れた英文＆訳
(A) The cleaning man is on the grass.
　　（芝生の上に男性の清掃員がいます。）
(B) The man is washing the car.
　　（男性が車を洗っています。）
(C) The man is collecting garbage.
　　（男性がゴミを収集しています。）
(D) The man is walking in front of the house.
　　（男性が家の前を歩いています。）

◆語句＆解説
cleaning man「（男性の）清掃員」／on the grass「芝生の上で」／(C) garbage「ゴミ」／take a walk「散歩をする」、in front of～「～の前に」

写真の中に芝生は見えますが、男性は芝生の上にはいません。(A) は不可。写真の男性は、洗車をしているわけでも、家の前で散歩しているわけでもないため、(B) と (D) も答えとしては不自然です。

## 問題 6

### ＊正解（D）
◆流れた英文＆訳
(A) Nobody is beside the car.
　　（車の側には誰も人がいません。）
(B) The man is running in front of the truck.
　　（男性はトラックの前を走っています。）
(C) The big car is carrying a lot of people.
　　（大きな車が大勢の人を運んでいます。）
(D) The man is wearing shorts.
　　（男性は短パンをはいています。）

◆語句＆解説
nobody「誰も～ない」／beside～「～のそばに」／wear shorts「短パンをはく」

写真の中に人が1人写っています。(A) は答えとして不可。男性は走っているのではなく止まって立っています。(B) も不可。車体は人を運んではおらず、(C) も答えにはなりません。写真の男性は短パンをはいており (D) が正解です。

# トレーニング 2 Part2 応答問題

## 📢 Part2 応答問題 (Responses) について

◆設問の数は30問です。
◆1つの英文（ほとんどが質問文）が読まれ、引き続き3つの英文が流れてきます。応答として正しい選択肢を1つ選びます。問いかけの文も、応答となる文も印刷されていないため、ここでは見る物が何もありません。引き続きリスニングに集中します。
◆解答時間（問題が終わり、次の問題にいくまでの時間）は5秒です。

いきなり質問文が放送されて、直後に応答文（A）〜（C）までが一気に流れます。特に文頭の語など聞きもらさないよう、集中するようにしてください。答えに迷ってしまった時は、すぐに気持ちを切り替えて、次の問題に備えてください。

## Part2 での留意点

### 【質問文のパターンを知る】

頻出の質問文のパターンを理解して、パート2のリスニングに備えましょう。

1. **疑問詞で始まる疑問文**
    * 5W1H［what, when, who, where, why, how（how+形容詞・副詞を含む）］で始まる質問文がこのパート全体の約半分（14〜16問）を占めています。
    Part2 では、文頭の語はすべて確実に聞き取るようにしましょう。

    • When did you come back from France?：「フランスからいつ帰っ

てきたのですか？」

2. **Yes/No 疑問文**

   ＊文頭に be 動詞［Is〜？, Are〜？］、助動詞 do［Do〜？, Did〜？］、完了形を作る助動詞 have［Have〜？, Has〜？］が来て、相手に Yes か No を問うタイプの質問文です。ただし、必ずしも Yes/No で応答するわけではありません。質問文の答えとして成立するかどうか、を確かめて答えを選んでください。

   - Is that building the city hall?：「あちらの建物は、市役所ですか？」
   - Do you have any suggestions?：「何か提案はありますか？」

3. **提案、勧誘、申し出、依頼、許可などを問う疑問文**

   (1) Why, How で始まる文

   - How about going out to eat for dinner?：「夕食は外食にしませんか？」（提案）
   - Why don't you watch a new movie? / Why don't we watch a new movie?：「新しい映画を見ませんか？」（提案、勧誘）

   ＊疑問詞 how や why で始まっていても、方法や理由を尋ねているわけではありません。提案や誘いを「受ける」か「断る」かを考えて応えるのが自然な流れです。

   (2) 助動詞で始まる文

   - Would you like a cup of tea?：「お茶を1杯いかがですか？」（提案、申し出）
   - Could/Can/Would you bring me a ticket?：「チケットを持ってきてもらえますか？」（依頼）
   - Could I ask you a question?：「質問してもいいですか？」（許可）

- Should I ask for room service? / Shall I ask for room service?:「ルームサービスを頼みましょうか？」（提案、申し出）

＊このように助動詞で始まる疑問文が、提案や依頼、何らかの申し出を行なっている表現です。「受ける」か「断る」を考えて応答文を選んでください。

## 4. 否定疑問文＆付加疑問文（とらえ方は、Yes/No 疑問文と同じ）

＊否定疑問文は、文頭の語にすべて否定語の NOT がついて、否定形になって始まる疑問文です。一瞬混乱しがちですが、Yes か No を問うタイプと同じ考えで、質問に答えてください。

- Isn't this a new printer?:「これは新しいプリンターではないのですか？（これは新しいプリンターですか？）」

（上の問いかけに対して）
- Yes, it is. We bought it last week.:「はい、新しいプリンターです。先週買いました。」

＊付加疑問文の始まりは Yes/No 疑問文と同じですが、文の終わりに、～isn't it? / ～is it?、～aren't you? / ～are you?、don't they? / ～do they?、～doesn't she? / ～does she?、～hasn't it / ～has it? などが付いて、相手にその内容の確認や同意を求めるタイプの質問文です。否定疑問文と同様、Yes か No を問うタイプと同じ考えで、質問に答えてください。

- "This is a new printer, isn't it?":「これは新しいプリンターですよね。」

（上の問いかけに対して）
- No, it's not.  We haven't got a new one yet.:「いいえ。新しいものはまだ買ってません。」

5. 後半に OR が入り、選択を求める疑問文
   *文の始まりは、Yes/No 疑問文と変わらないのですが、最後に or が聞こえたら、2つの選択肢からいずれかを問う問題です。or が聞こえたら、注意してください。

   - Do you want to go by train, or are you going to drive?：
       「電車で行きたいですか、それとも、車で運転していきますか？」

6. 肯定文や否定文による問いかけの文
   *疑問符「？」が付いていない、いわゆる肯定文（または、否定文）のことです。話し相手に（話者の）考えを伝えようとする発言になります。

   - I can't find the airport bus timetable.：「空港バスの時刻表が見当たりません。」

   （上の話しかけに対して）
   - Don't worry, I have mine here.：「構わないですよ、ここに私のがありますから。」
   - Why don't we ask the front desk?：「フロントに聞いてみましょう。」

## 【問いかけの文、応答の文、すべて最後まで聞いて答えを判断】

*最初の問いかけの文はシンプルなものであっても、応答文では、主語や時制があえて変更されていたり、類音語を入れてきたり、ひっかけの選択肢がたびたび出てきます。すべて最後まで聞いて、会話として成立すると思われるものを選びましょう。

例題を聞いて、確認してみましょう。

## 問題例－1

 track 021

1. Mark your answer on your answer sheet.   Ⓐ Ⓑ Ⓒ

----

【解説&訳】

Q : When did you go to bed last night?　　（昨夜はいつ床につきましたか？）

(A) Yes, I was too tired to watch TV. （はい、疲れていてテレビは見ませんでした。）
(B) Soon after I took a shower.　　（シャワーを浴びてすぐに。）
(C) I was watching TV.　　　　　　（テレビを見ていました。）


(B) が正解です。When で始まる疑問文は時期、時間などを尋ねています。(A) と (C) は質問の答えにはなっていません。

## 問題例－ 2

2. Mark your answer on your answer sheet.   Ⓐ Ⓑ Ⓒ

---

### 【解説＆訳】

Q：Would you like some more hot coffee? (もう少し温かいコーヒーを飲みますか?)

(A) Yes, I'd love some.　　　　　　　　(はい、もう1杯いただけますか。)
(B) I think I like it.　　　　　　　　　(私はそれが好きだと思います。)
(C) It was very nice.　　　　　　　　　(それは大変よかったです。)

(A) が正解です。Would you like ～?「～はいかがですか？」の表現で、hot coffee が欲しいかどうかがたずねられています。

# 🔊Part2 練習問題 日本語編

それでは、実際に Part2 の練習問題を日本語で行なってみましょう。

　最初の練習問題は日本語の録音になっています。
　問題パターンを知り、どんなことを意識して流れる文章に耳を傾ければよいかを考えながら解いてみてください。
　また、選択肢の数を問題1では2つ、問題2では3つと、1つずつ増やしています。選択肢の数が増えていくことによりどのような違いがあるか、どのようなことをより意識しなければならなくなるかを、感じながら問題を解いてみてください。
　さらに、日本語の練習問題の後には、その英語バージョンを用意しています。英語バージョンで実際のテストをイメージしてください。

## 練習問題　日本語編

**MP3 track 023-024**

1. 解答用紙の記号をぬりつぶしなさい。　　Ⓐ　Ⓑ

2. 解答用紙の記号をぬりつぶしなさい。　　Ⓐ　Ⓑ　Ⓒ

## 練習問題 日本語編 解説

| 問題1<br>＊正解（B）<br>◆流れた日本文<br>今日は何時に夕食の用意ができますか？<br>(A) 6回です。<br>(B) 6時です。<br>◆解説<br>「何時に」と時間を尋ねられています。回数を答えている (A) ではなく、(B) が正解です。 | 問題2<br>＊正解（C）<br>◆流れた日本文<br>大学の図書館はどこにありますか？<br>(A) オフィスビルは、図書館の隣にはありません。<br>(B) 大学生は図書館で勉強します。<br>(C) チャペルの前にあります。<br>◆解説<br>「どこに」と場所を尋ねられています。どこにあるかを答えているのは (C) だけです。 |
|---|---|

それでは、今の日本語の練習問題を英語でチャレンジしてみましょう。

# 練習問題　英語バージョンで再チャレンジ

**(MP3) track 025-026**

1. Mark your answer on you answer sheet.　　　Ⓐ　Ⓑ

2. Mark your answer on you answer sheet.　　　Ⓐ　Ⓑ　Ⓒ

## 練習問題 英語バージョンで再チャレンジ 解説

### 問題 1
＊正解（B）

◆流れた英文

What time will the dinner be ready for us tonight?
（今日は何時に夕食の用意が出来ますか？）
(A) 6 times.
　　（6回です。）
(B) 6 o'clock.
　　（6時です。）

◆語句説明＆解説

ready「（〜の）準備ができている」、〜 times「〜回（3回以上を表す時に使われる、1回は once、2回は twice）」

### 問題 2
＊正解（C）

◆流れた英文

Where is the university library?
（大学の図書館はどこにありますか？）
(A) The office building is not next to the library.
　　（オフィスビルは、図書館の隣にはありません。）
(B) Students are studying in the library.
　　（大学生は図書館で勉強します。）
(C) It's in front of the chapel.
　　（チャペルの前にあります。）

◆語句説明＆解説

next to 〜「〜の隣に」、in front of 〜「〜の前に、〜の向かいに」

# 📣 Part2 練習問題 英語実践編

それでは今度は、本来の英文で練習問題にチャレンジしてみましょう。

　日本語問題と同じように、選択肢の数を問題１と２では２つ、問題３と４では３つ、と１つずつ増やしてあります。少しずつ問題に慣れていきましょう。

　英文を読むスピードは、２つ用意しています。

　最初に、実際のテストより少しゆっくりしたスピードのものが読まれ、その後に、実際のテストと同じスピードのものが読まれます。解答し終えたら、次の問題にとりかかるよう心がけてください。Part2 では、質問文の冒頭を確実に聞き取ることがとても重要です。

## 練習問題

ゆっくりスピード　**MP3** track 027-030

1. Mark your answer on your answer sheet.　Ⓐ Ⓑ

2. Mark your answer on your answer sheet.　Ⓐ Ⓑ

3. Mark your answer on your answer sheet.　Ⓐ Ⓑ Ⓒ

4. Mark your answer on your answer sheet.　Ⓐ Ⓑ Ⓒ

それでは、今の問題を今度は通常スピードの英語で再度聞いてみましょう。

ノーマルスピード　MP3 track 031-034

## Part2 練習問題 英語実践編 解答&解説

### 問題 1
＊正解（B）
◆流れた英文&訳
How long a summer vacation will you have?
（夏休みの期間はどれくらいですか？）
(A) I will fly to Paris.（パリに行く予定です。）
(B) A couple of months.（2、3カ月間です。）

◆語句&解説
How long~?「~の期間はどれくらいですか？」／a couple of~「2、3の~」
夏休みの期間を尋ねています。行き先を答えている（A）は答えにはなりません。（B）が正解です。

### 問題 2
＊正解（A）
◆流れた英文&訳
Can you help me set the table for breakfast?
（朝食の食卓準備を手伝ってくれますか？）
(A) Yes, I'd be glad to.（はい、よろこんで。）
(B) I'm sorry but I don't have my mobile phone now.
（すみません。今携帯電話を持っていません。）

◆語句&解説
set the table for~「~の食卓準備をする」
Can you~?と話しかけることで相手に「~してくれますか？」と依頼をしています。（B）は一瞬、断りを伝えているようにも思いますが、携帯電話はこの状況では必要のないものです。（A）が応答として適切です。

## 問題 3
**＊正解（A）**

◆流れた英文＆訳

What was the party like last night?
（昨晩のパーティはどうでしたか？）
(A) You mean the one at Bob's?
（ボブの家であったパーティのことですか？）
(B) I'm sure you'll have fun.
（楽しめると思いますよ！）
(C) It is interesting, isn't it?
（それは面白いですよね？）

◆語句＆解説

You mean~?「~のことですか？」／What (be) ~like?「~はどうですか？」

過去形で昨晩のパーティについて「どうだったか」を尋ねています。(B) は質問してきた相手に未来形を使って答えおり、答えとして不自然です。(C) の応答文の時制も現在形であり不正解。(A) は質問内容について確認をしている応答。会話の流れとして自然であり、(A) が正解となります。

## 問題 4
**＊正解（C）**

◆流れた英文＆訳

Isn't there a smoking room in this building?
（このビルに喫煙室はありませんか？）
(A) You can buy one here.（ここで買えますよ。）
(B) In 30 minutes.（30分後です。）
(C) It's on the 2nd floor.（2階にあります。）

◆語句＆解説

smoking room「喫煙室」／in~（時間）「~後に」／on the~（序数）floor「~階に」

文頭の be 動詞に not が付いて否定疑問文となっていますが、Yes/No Question である "Is there a smoking room in this building?"「このビルに喫煙所はありますか？」と尋ねられている時と同じように考えてください。場所を伝えている (C) が正解。(A) には here と場所を表す語が含まれていますが、質問の答えとしては不自然。時を説明する応答のため (B) も不正解です。

# トレーニング 3 Part3 会話問題

## 🔊 Part3 会話問題 (Short conversations) について

◆設問の数は 30 問です。
◆ここは 2 人の短い会話を聞いて、設問に答える問題です。それぞれの会話には 3 つの設問があり、印刷された答え（選択肢は 4 つ）より正しいものを 1 つ選びます。（対話文は印刷されていませんが、設問と答えは印刷されています。）
◆解答時間（問題が終わり、次の問題にいくまでの時間）は 8 秒です。

　Part1 と Part2 では解答するために文章を読む必要はなく、聴くことだけに集中できましたが、Part3 からは設問や選択肢を「読む」ことが必要になります。

　限られた時間内に、「聴く」と「読む」の 2 つの作業が要求されることになります。

　また、Part1 と Part2 では単文レベルでのリスニングが中心で、聞いてすぐに答えを選択できたため、大した暗記は要求されませんでした。しかし、この Part3 からは、複数の文を聞き、その内容を頭に入れておきながら答えを選択するため、情報の"暗記"が必要になります。

## Part3 での留意点

### 【会話が流れ出す前に、設問を読む】

＊音声が流れ出す前にざっと設問文を読んで（疑問詞、固有名詞、数字等をチェック）、会話内容のどのようなことが問われているか、を予め確認してください。

＊質問の内容は大きく以下の3つに分類できます。

1. ［全体の内容を問う設問］

   会話のテーマや目的、場所、話者が誰か等についての質問をします。
   （例）
   - What is the conversation mainly about?：「この会話は主に何についてですか」
   - Where does the conversation take place?：「この会話はどこで行なわれていますか」
   - What are the speakers discussing?：「2人は何について話していますか」

2. ［部分的な内容を問う設問］

   会話の中の詳細情報（具体的な場所や時間等）についての質問をします。
   （例）
   - What is the man's problem?：「男性が抱えている問題は何ですか」
   - When does the meeting end?：「会議はいつ終わりますか」

3. ［展開予想を問う設問］

会話の内容から推測をして答えてもらう質問をします。

（例）
- What will the woman do tomorrow?：「女性は明日何をしますか」
- What will the man be most likely to do?：「男性は何をすると考えられますか」
- What does the woman imply?：「女性の発言からどんなことがわかりますか」

## 【会話が流れ出したら、会話の流れをつかむ】

＊会話が流れ出したら、誰と誰が、何について、どのような状況で話をしているか、大意をつかみましょう。

＊選択肢の文中に、会話で出てくる語（句）があります。会話を聞きながら、軽く目で追ってみましょう。（初心者の段階では難しいことなので、無理だと感じた場合は、聴くことに集中してください。）

例題を聞いて、確認してみましょう。

**問題例**

(MP3) track 035

Questions 1 through 3 refer to the following conversation.

1. Where does the man want to go?

(A) The baseball stadium
(B) The amusement park
(C) Edward station
(D) The traffic light

Ⓐ Ⓑ Ⓒ Ⓓ

2. What does the woman tell the man?

(A) He should go to the police station.
(B) He should take the next bus.
(C) She does not know where the place is.
(D) She is a tourist.

Ⓐ Ⓑ Ⓒ Ⓓ

3. What is the man probably going to do next?

(A) Talk to the woman again
(B) Cross the street
(C) Stand at the traffic light
(D) Ask the security guard

Ⓐ Ⓑ Ⓒ Ⓓ

## 【解説＆訳】

Questions 1 through 3 refer to the following conversation.

Man: Excuse me. I'm going to the Edward baseball park. Can you tell me how to get there?
Woman: I'm sorry, I don't know. Why don't you ask the security guard standing over there?
Man: You mean the tall man standing at the traffic light?
Woman: Yes, that's right. He should know.
Man: Thanks, I will do that.

問題 1-3 は次の会話に関するものです。
男性：すみません。エドワード野球場へ行くのですが、どのように行くか教えてもらえますか？
女性：ごめんなさい。わかりません。あちらに立っている警備員に聞いてみてはどうですか？
男性：信号の所に立っているあの背の高い男性ですか？
女性：そうです。彼なら知っているはずです。
男性：ありがとう。そうしてみます。

1. Where does the man want to go?（男性は、どこへ行きたいと思っていますか？）

(A) The baseball stadium　　　　　（野球場）
(B) The amusement park　　　　　（遊園地）
(C) Edward station　　　　　　　（エドワード駅）
(D) The traffic light　　　　　　　（信号）

(A) が正解です。会話の冒頭で "I'm going to the Edward baseball park." と話をしています。baseball park も baseball stadium も「野球場」のことです。

2. What does the woman tell the man?（女性は、男性に何を伝えますか？）

(A) He should go to the police station. 　　（男性は、警察署に行くべきです。）
(B) He should take the next bus. 　　（男性は、次のバスに乗るべきです。）
(C) She does not know where the place is.
　　　　　　　　　　　　　　　　　　　（女性は、その場所がわかりません。）
(D) She is a tourist. 　　（女性は、観光客です。）

(C) が正解です。男性に場所を尋ねられた女性は、"I'm sorry, I don't know." と答えています。尋ねられた場所については知らないと話していても、(D) の観光客、であるかどうかはわかりません。(A) の警察署、(B) のバスの話なども会話には出てきません。(A)、(B)、(D) はすべて誤りです。

3. What is the man probably going to do next?（男性は、次にどうすると思われますか？）

(A) Talk to the woman again 　　（女性に再び話しかける）
(B) Cross the street 　　（道を渡る）
(C) Stand at the traffic light 　　（信号で立つ）
(D) Ask the security guard 　　（警備員に尋ねる）

(D) が正解です。女性が男性に "Why don't you ask the security guard standing over there?" と提案をして、"He should know." と説明をしています。最後に男性が "Thanks, I'll do that." と話していることからも、男性がこの後どうするかが (D) Ask the security guard であると考えられます。

# 🔊Part3 練習問題 日本語編

それでは、実際にPart3の練習問題を日本語で行なってみましょう。

　最初の練習問題は日本語での出題になっています。
　各会話には3つの問題がありますが、選択肢の数を問題ごとに2つ、3つ、4つと、1つずつ増やしています。選択肢に目を通す時間の違いも実感してください。選択肢が4つあると、問題を解く時間も限られてしまい、前もって設問文と1つでも多くの選択肢に目を通しておく必要がある、ということが実感できると思います。
　問題パターンを知り、どんなことを意識して流れる文章に耳を傾ければよいかも考えながら解いてみてください。
　さらに、日本語の練習問題の後には、その英語バージョンを用意しています。英語バージョンで実際のテストをイメージしてください。

# 練習問題　日本語編

(MP3) track 036

1. 女性はどこに行きたいと思っていますか？

(A) ポンド・ストリート
(B) ブラッドホース球場

Ⓐ Ⓑ

2. 男性は、どのようなことを女性に勧めていますか。

(A) 徒歩で目的地に行くこと
(B) バスで目的地に行くこと
(C) タクシーで目的地に行くこと

Ⓐ Ⓑ Ⓒ

3. 女性はどのような人だと推測できますか？

(A) 警察官
(B) ツアーガイド
(C) 旅行者
(D) 地元の人

Ⓐ Ⓑ Ⓒ Ⓓ

**MP3 track 037**

4. この女性は誰ですか？

(A) 患者
(B) 薬剤師

　　　　　　　　　　　　　　　Ⓐ Ⓑ

5. 何のための薬の説明が行なわれていますか？

(A) 風邪
(B) 二日酔い
(C) 腰痛

　　　　　　　　　　　　　　Ⓐ Ⓑ Ⓒ

6. 白いカプセルはいつ服用しますか？

(A) 毎食後
(B) 朝食後
(C) 朝食後と夕食後
(D) 就寝前

　　　　　　　　　　　　　Ⓐ Ⓑ Ⓒ Ⓓ

# Part3 練習問題 日本語編 解答&解説

## 問題 1-3
**＊正解　1.（B）　2.（C）　3.（C）**

◆流れた日本文
問題1-3は次の会話に関するものです。
女性：すみません、ブラッドホース球場までどのように行けばいいですか？
男性：歩いていきますか？この道を6ブロック行き、ポンド・ストリートで右に曲がります。そうすれば左手にブラッドホース球場が見えてきます。でも、もし歩くのであれば、30分以上かかると思います。タクシーで行かれてはいかがですか？
女性：ありがとうございます。タクシーだとどれくらいかかりますか？
男性：そうですね。タクシーだとすぐですよ。5分もあれば着きますよ。

◆解説
1. 冒頭で女性が、ブラッドホース球場までの行き方を男性に尋ねています。（B）が正解です。
2. 男性が、徒歩で行くと時間がかかることを女性に伝えているため、（A）の徒歩での手段は女性には勧めていません。また、会話の中で（B）のバスの話題が出てきておらず、（A）、（B）共に不正解。最後に（タクシーだと）5分で着く旨を女性に伝えていることからも（C）が正解。
3. 女性がその土地がわからないため道を尋ねていることからも、女性は（C）の旅行者であることがわかります。

## 問題 4-6
**＊正解　4.（B）　5.（A）　6.（D）**

◆流れた日本文
問題4-6は次の会話に関するものです。
女性：マイルズさん、薬の準備ができましたので、こちらにお越しください。
男性：ありがとうございます。なかなか風邪がよくならなくて…。
女性：全部で3種類の薬が出ています。この粉薬を毎食後に1袋ずつ服用してください。この白のカプセルとこの錠剤は、毎晩寝る前に1錠ずつ服用してください。どうぞお大事に。
男性：ありがとうございます。早くよくなればいいのですが…。

◆解説
4. 男性に薬の説明をしていることから、女性は（B）の薬剤師であることがわかります。
5. 男性は初めに、自分が風邪であることを話しています。（A）が正解です。二日酔いや腰痛の話は、会話の中では出てこないため、（B）、（C）は誤り。
6. 女性が薬の飲み方の説明をするところで「毎晩寝る前に1錠ずつ服用」と話していることから（D）が正解。

それでは、今の日本語の練習問題を英語でチャレンジしてみましょう。

## 練習問題　英語バージョンで再チャレンジ

(MP3) track 038

1. Where does the woman want to go?

(A) Pond Street
(B) Brad Horse Stadium

Ⓐ Ⓑ


2. What does the man tell the woman to do?

(A) To go to her destination on foot
(B) To go to her destination by bus
(C) To go to her destination by taxi

Ⓐ Ⓑ Ⓒ


3. What does the woman do?

(A) She is a police officer.
(B) She is a tour guide.
(C) She is a tourist.
(D) She is a local.

Ⓐ Ⓑ Ⓒ Ⓓ

**(MP3) track 039**

4. What does the woman do?

(A) She is a patient
(B) She is a pharmacist

Ⓐ Ⓑ

5. What is the medicine for?

(A) For a cold
(B) For a hangover
(C) For a backache

Ⓐ Ⓑ Ⓒ

6. When is the man supposed to take the white capsule?

(A) After every meal
(B) Every morning after breakfast
(C) After breakfast and dinner
(D) Before bedtime

Ⓐ Ⓑ Ⓒ Ⓓ

## 練習問題 英語バージョンで再チャレンジ 解説

問題 1-3
＊正解　1. (B)　　2. (C)　　3. (C)

◆流れた英文

Question 1 through 3 refer to the following conversation.
Woman：Excuse me. How can I get to Brad Horse Stadium?
Man：Are you walking there? Walk 6 blocks along this road, and turn right at the corner of Pond Street. Then you'll see Brad Horse Stadium on your left. But if you walk, I think it'll take more than half an hour. Why don't you go by taxi?
Woman：Thank you very much. How long does it take to get there by taxi?
Man：Well, it'll take you only five minutes by taxi.

◆英文の訳

問題 1-3 は次の会話に関するものです。
女性：すいません、ブラッドホース球場までどのように行けばいいですか？
男性：歩いていきますか？この道を 6 ブロック行き、ポンド・ストリートで右に曲がります。そうすれば左手にブラッドホース球場が見えてきます。でも、もし歩くのであれば、30 分以上かかると思います。タクシーで行かれてはいかがですか？
女性：ありがとうございます。タクシーだとどれ位かかりますか？
男性：そうですね。タクシーだとすぐですよ。5 分もあれば着きますよ。

◆語句説明 & 解説

＜設問より＞destination「目的地」、local「地元の人」
＜流れた英文より＞get to ～「～に行く」、along this road「この道に沿って」、turn right/left at ～「～で 右に / 左に 曲がる」、on one's right/left「～の右側／左側に」、more than ～「～以上の」、half an hour「30 分」、take +（人）+ [ 時間 ]「（人が）～するのに [～の時間 ] かかる」

## 問題 4-6
\* 正解　4. (B)　　5. (A)　　6. (D)

◆流れた英文

Question 4 through 6 refer to the following conversation.
Woman : Mr. Miles, could you come here please?　We have your medicine ready here.
Man : Thank you very much. I can't get rid of this cold...
Woman : You have to take three kinds of medicine. Take this powder after each meal. Take this white capsule and this tablet before you go to bed. Please take good care of yourself.
Man : Thanks again. I hope I'll get better soon.

◆英文の訳

問題 4-6 は次の会話に関するものです。
女性：マイルズさん、薬の準備ができましたので、こちらにお越しください。
男性：ありがとうございます。なかなか風邪がよくならなくて…。
女性：全部で 3 種類の薬が出ています。この粉薬を毎食後に 1 袋ずつ服用してください。この白のカプセルとこの錠剤は、毎晩寝る前に 1 錠ずつ服用してください。どうぞお大事に。
男性：ありがとうございます。早くよくなればいいのですが…。

◆語句説明

< 設問より > patient「患者」、pharmacist「薬剤師」、cold「風邪」、hangover「二日酔い」、backache「腰痛」、(be) supposed to ~「~することになっている」、every after ~「毎回~の後に」

< 流れた英文より >
have ~ ready「~の準備ができる」、can't get rid of cold「風邪がよくならない」、take (medicine)「(薬を) のむ」、powder「粉薬」、after each meal「毎食後に」、capsule「カプセル」、tablet「錠剤」、take care of yourself「(あなたの身体を) 大事にする」、get better「よくなる」

# 🔊Part3 練習問題 英語実践編

それでは、英文で練習問題にチャレンジしてみましょう。

英語の実践練習問題では、会話ごとに選択肢の数を変えています。問題1-3（1つ目の会話）では2つ、問題4-6（2つ目の会話）では3つ、問題7-9（3つ目の会話）では4つ、と設定されています。少しずつ問題に慣れていきましょう。

英文を読むスピードは、2つ用意しています。

最初に、実際のテストより少しゆっくりしたスピードのものが読まれ、その後に、実際のテストと同じスピードのものが読まれます。解答をし終えたら、次の問題にとりかかるよう心がけてください。

Part3では、会話文が放送される前に設問を読んで、どのようなことが質問されるか、を予め確認しておくことがとても重要です。

## 練習問題

ゆっくりスピード **MP3 track 040**

1. When will Jason probably be home?

(A) In an hour
(B) In half an hour

Ⓐ Ⓑ

2. Where is Jason now?

(A) At a book store
(B) At a library

Ⓐ Ⓑ

3. What does the woman ask the man?

(A) If he wants her son to call back.
(B) If her son knows the number.

Ⓐ Ⓑ

**MP3 track 041**

4. In what season is the woman going to drive cross country?

(A) Spring
(B) Summer
(C) Fall

Ⓐ Ⓑ Ⓒ

5. What will the woman do in Seattle?

(A) She will buy a new camper.
(B) She will see her son.
(C) She will look for a cheap way to travel.

Ⓐ Ⓑ Ⓒ

6. How long will it probably take the woman to drive to Seattle?

(A) About 4 days
(B) About 7 days
(C) About 10 days

Ⓐ Ⓑ Ⓒ

(MP3) track 042

7. Where does the conversation most likely take place?

(A) In a house
(B) On a street
(C) In an office
(D) In a park

Ⓐ Ⓑ Ⓒ Ⓓ

8. What is the weather like outside?

(A) It is hot and humid.
(B) It is cold and rainy.
(C) It is warm and sunny.
(D) It is cold and sunny.

Ⓐ Ⓑ Ⓒ Ⓓ

9. How did the woman get to the office?

(A) By taxi
(B) By train
(C) On foot
(D) By bicycle

Ⓐ Ⓑ Ⓒ Ⓓ

それでは、今の問題を今度は通常スピードの英語で再度聞いてみましょう。

ノーマルスピード (MP3) track 043-045

# Part3 練習問題 英語実践編 解答&解説

## 問題 1-3
＊正解　1.（B）　　2.（A）　　3.（A）

◆流れた英文

Question 1 through 3 refer to the following conversation.

　　Man: Hello, is Jason there?

　Woman: He is not here right now.　I suppose he'll be back in about 30 minutes. Would you like me to have him call you back?

　　Man: Yes, please.　This is Grant.　He knows my number.　Do you know where he is now?

　Woman: He said that he was going to the book store.

◆会話の訳

問題 1-3 は次の会話に関するものです。

男性：もしもし、Jason はいますか？

女性：彼はただ今外出しております。30 分ほどしたら戻ってくると思います。折り返し電話するように伝えましょうか？

男性：お願いします。Grant と申します。彼は僕の番号を知っています。今どこにいるか知っていますか？

女性：本屋に行くと話していました。

◆設問の訳

1. Jason はいつ帰宅すると思われますか？
(A) 1 時間後　　　(B) 30 分後
2. Jason は今どこにいますか？
(A) 本屋　　　(B) 図書館
3. 女性は男性に何を尋ねますか？
(A) 息子に折り返しの電話をさせるかどうか　(B) 息子が男性の電話番号を知っているかどうか

◆語句&解説

Is ~ there?「~さん、いらっしゃいますか。」（電話での表現）／I suppose~「~だと思います（推測している時に使われる）」／in~（時間）「~後に」／call~ back「~に折り返し電話をする」

1. 女性が "…he'll be back in 30 about minutes." と話していることから、(B) が答となることがわかります。
2. 女性が 2 回目の話の中で "He said that he was going to a book store." と答えています。(B) が正解。
3. 女性が男性に "call you back" するように伝えるかを尋ねているが、(B) については何も尋ねていません。(A) が正解。

## 問題 4-6
**＊正解　4.（C）　5.（B）　6.（B）**

◆流れた英文

Question 4 through 6 refer to the following conversation.

Woman: In October, when the leaves begin to change, I will hitch a mini-camper to my car and drive cross country.

Man: That sounds great! Are you going to travel all the way across the continent?

Woman: Yes, I'm thinking of going to Seattle, Washington, where my son lives. I guess it will take about a week or so to get there.

Man: It'll be a long drive, but that's the cheapest way to go. Have a safe drive!

◆会話の訳

問題 4-6 は次の会話に関するものです。

女性：10月になって紅葉が始まったら、車に小型のキャンピングカーをひっつけて、そしてドライブで横断しようと思うの。

男性：それはいいね！大陸を横断するつもりなのかい？

女性：うん。ワシントン州のシアトルに行くつもりなの。息子が住んでいてね。大体1週間ほどかかるかしら。

男性：長旅になりそうだね。でも、旅行するのに最も安い方法だからね。運転に気をつけて！

◆設問の訳

4. どの季節に女性はドライブに行く予定ですか？
(A) 春　　(B) 夏　　(C) 秋

5. 女性はシアトルで何をする予定ですか？
(A) 新しいキャンピングカーを購入する　　(B) 息子に会う　　(C) 安い旅行方法を探す

6. 女性は目的地までどれくらい運転する予定ですか？
(A) 約4日間　　(B) 約7日間　　(C) 約10日間

◆語句＆解説

when the leaves begin to change「紅葉が始まる時に」／hitch ～ to …「～を…につなぐ」／mini-camper「小さなキャンピングカー／drive cross country「車で横断する」／travel across ～「～を横断する旅をする」

4. 女性が冒頭に "In October, when the leaves begin to change, …" と話しています。(C) が正解。

5. 目的地が Seattle であることを伝えた後に "… where my son lives" と話しています。正解は (B)。

6. "… it will take about a week or so …" と男性に話していることから、(B) が答となることがわかります。

## 問題 7-9
＊正解　7.（C）　　8.（D）　　9.（C）

◆流れた英文
Question 7 through 9 refer to the following conversation.
　Man: What a cold day, isn't it?
Woman: Yes, it's extremely cold, but the sun is shining.  It's a good day for a nice long walk with warm clothes on.
　Man: Did you have a hard time finding our office?
Woman: No, not at all.  The receptionist who scheduled my appointment was terrific. He gave me very precise directions.

◆会話の訳
問題 7-9 は次の会話に関するものです。
男性：寒い日ですね。
女性：そうですね。非常に寒いですね。でも、日が照っています。厚着をして長い時間散歩をするにはもってこいの日ですよ。
男性：この事務所を見つけるのは大変でしたか？
女性：いいえ、全然。私の予約を入れてくださった受付の方がすばらしかったので。彼がとても的確な道順を教えてくださいました。

◆設問の訳
7. この会話はどこで行なわれていると考えられますか？
(A) 家で　　(B) 路上で　　(C) 事務所で　　(D) 公園で
8. 外はどのような天気ですか？
(A) 暑くて湿度が高い　　(B) 寒くて雨が降っている　　(C) 温かくて晴れている
(D) 寒くて晴れている
9. 女性はどのようにして事務所にたどり着きましたか？
(A) タクシーで　　(B) 電車で　　(C) 徒歩で　　(D) 自転車で

◆語句＆解説
extremely「極端に、非常に」／with warm clothes on「温かい服装を身につけて、厚着をして」／have a hard time ~ing「～するのに苦労する」／receptionist「受付係」／schedule one's appointment「～の予定を入れる」／terrific「素晴らしい」／precise direction(s)「的確な道案内」

7. 男性が 2 回目に "Did you have a hard time finding our office?" と尋ねていることから、現在は office に着いていることが推測できます。(C) が正解。
8. 女性が 1 回目の発話の中で "… it's extremely cold, but the sun is shining" と伝えています。(D) が屋外の天候であることがわかります。
9. 女性が外は寒くても "It's a good day for a nice long walk…" と話しており、また、男性が office を見つけることが大変だったかどうかを尋ねていることからも、女性が歩いてきたことが想定できます。(C) が正解。

Part 3

# トレーニング 4 Part4 説明文問題

## 🔊 Part4 説明文問題（Short talks）について

◆ 設問の数は30問です。
◆ ここでは、1人の人が短い話（Short talk）をします。それぞれの話の内容について、3つの設問があり、印刷された答え（選択肢は4つ）より正しいものを1つ選びます。（放送される話は印刷されていませんが、設問と答えは印刷されています。）
◆ 解答時間（問題が終わり、次の問題にいくまでの時間）は8秒です。

Part3同様に、音声を「聴く」ことと、設問や選択肢を「読む」ことの2つの作業が要求されます。また、聞いた内容を頭に入れておかなければならないため、情報の「暗記」も必要になります。

## Part4 での留意点

### 【説明文が流れ出す前に、設問を読む】

＊音声で説明文が流れ出す前にざっと設問文を読んで（疑問詞、固有名詞、数字等をチェック）、説明文についてどのようなことが問われているかを予め確認してください。
＊質問の内容は、Part-3と同じで大きく以下の3つに分類できます。

1. [全体の内容を問う設問]
   話のテーマや目的、場所、話者が誰か等について質問します。
   （例）
   • What is the purpose of the message? :「このメッセージの目的は何ですか？」

- Where is this announcement most likely made?:「この案内はどこで行なわれていると考えられますか？」
- Who is the speaker?:「話をしている人は誰ですか？」

2. [部分的な内容を問う設問]

話の中の詳細情報（具体的な物、場所や時間等）について質問します。
（例）
- At what time does the store open this month?:「お店は、今月何時に開店しますか？」
- What change does the speaker announce?:「話し手はどんな変更点について話していますか？」
- Where will the employees hand in the documents?:「社員はどこに書類を提出しますか？」

3. [展開予想を問う設問]

話の内容から推測して答えてもらう質問をします。
（例）
- What will happen next week?:「来週何が行なわれますか？」
- When will the woman probably be contacted?:「女性はいつ連絡をもらうと思われますか？」
- What is Mr. Jones expected to do?:「Mr. Jones は何をするように求められていますか？」

## 【説明文が流れ出したら、話の流れをつかむ】

＊誰が（どのような状況にいる人が）、何について話しているかを知って、大意をつかむことがとても重要です。また、話の登場人物、場所、物事の詳細を聞き分けることが大切です。

*選択肢の文中に、話の中で出てくる語（句）があります。音声を聞きながら、軽く目で追ってみましょう。（初心者の段階では難しいことなので、無理な場合は、聴くことに集中してください。）

例題を聞いて、確認してみましょう。

## 問題例

**MP3 track 046**

Questions 1 through 3 refer to the following introduction.

1. What is the weather?

(A) It is raining.
(B) It is cloudy.
(C) It is fine.
(D) It is snowy.

Ⓐ Ⓑ Ⓒ Ⓓ

2. What is the town famous for?

(A) It is like heaven.
(B) It is a paradise for environmentalists.
(C) It is a nice place for people to get together.
(D) It is a great place for bird-watchers.

Ⓐ Ⓑ Ⓒ Ⓓ

3. What is NOT stated in the introduction?

(A) Birds fly to different places when it gets cold.
(B) The land is ideal for birds.
(C) The town has many lakes.
(D) The town has a huge forest.

Ⓐ Ⓑ Ⓒ Ⓓ

【解説&訳】
Questions 1 through 3 refer to the following introduction.

Thank you for visiting, Greenville, well-known as heaven on earth for bird watchers. What a sunny day! I'm delighted to be your guide today. Let me briefly tell you about bird-watching here in Greenville. As you may know, there are two factors that make Greenville a bird watcher's paradise. The first is our local geography. There is a huge forest and a number of beaches where birds group together. Greenville has a large number of marshes, lakes and waterways, providing a welcoming environment for birds. The second is the climate of Greenville. It is very warm throughout the year. This provides an ideal setting for birds to mate and raise families, or to rest in transit on their way to their next location.

問題1-3は以下の紹介文に関するものです。

バード・ウオッチングをされる皆様には、地上の楽園として名高いGreenvilleへお越しくださいましてありがとうございます。なんと天気がよいことでしょう。本日、皆様をご案内できることを嬉しく思います。ここGreenvilleでのバード・ウオッチングについて簡単にご説明いたします。ご

存知かもしれませんが、Greenville にはバードウォッチャーのパラダイスとなる２つの要因があります。１つ目はこの土地の地理的な要因です。鳥の群れが同時に集う広大な森林と浜辺が数多くあることです。Greenville には多くの沼地、湖、そして水路があり、鳥に快適な環境を提供しています。２つ目の理由は Greenville の天候です。１年を通してとても暖かいところです。これは鳥が子孫を残す上で理想的な環境であり、かつ渡り鳥には次の地への休息地となります。

1. What is the weather?（天気はどうですか？）

(A) It is raining. 　　　　　　　　　　（雨が降っています。）
(B) It is cloudy. 　　　　　　　　　　　（曇っています。）
(C) It is fine. 　　　　　　　　　　　　（晴れています。）
(D) It is snowy. 　　　　　　　　　　　（雪が降っています。）

(C) が正解です。ガイドの人が２つ目の文で "What a sunny day!" と話をしています。

2. What is the town famous for?（町はなぜ有名ですか？）

(A) It is like heaven. 　　　　（天国みたいであるから。）
(B) It is a paradise for environmentalists.
　　　　　　　　　（環境保護論者たちのためのパラダイスであるから。）
(C) It is a nice place for people to get together.
　　　　　　　　　（人々が集う最適な場所であるから。）
(D) It is a great place for bird-watchers.
　　　　　　　　　（バードウォッチャーにとっては最高の場所であるから。）

(D）が正解です。ガイドが冒頭で、"…. well-known as heaven on earth for bird watchers." と、バードウォッチャーにとって、天国のような場所として有名であることを話しています。well-known は「有名な」。

3. What is NOT stated in the introduction?（紹介文で説明されていないことは何ですか？）

(A) Birds fly to different places when it gets cold.
（鳥は寒くなると別の場所に飛び立つ。）
(B) The land is ideal for birds. （土地は鳥にとって理想的である。）
(C) The town has many lakes. （町には湖が多い。）
(D) The town has a huge forest. （町には森が多い。）

(A）が正解です。鳥にとっての環境がよいために、バードウォッチャーにとっても paradise となる土地であり（"..there are two factors that make Greenville a bird watcher's paradise."）、(B) の内容は文中で述べられています。(C) と (D) の内容についても、Greenville には "There is a huge forest."、"… has a large number of marshes, lakes and …" と説明されています。(A) の内容についてだけ、述べられていません。

# 🔊 Part4 練習問題　日本語編

それでは、実際にPart4の練習問題を日本語で行なってみましょう。

　最初の練習問題は日本語での録音になっています。
　各アナウンス文、各放送文には3つの問題がありますが、選択肢の数を問題ごとに2つ、3つ、4つと、1つずつ増やしています。選択肢に目を通す時間の違いも実感してください。Part3同様、選択肢が4つあると、問題を解く時間も限られてしまい、前もって設問文と1つでも多くの選択肢に目を通しておく必要がある、ということが実感できると思います。
　問題パターンを知り、どんなことを意識して流れる文章に耳を傾ければよいかも考えながら解いてみてください。
　さらに、日本語の練習問題の後には、その英語バージョンを用意しています。英語バージョンで実際のテストをイメージしてください。

# 練習問題　日本語編

(MP3) track 047

1. 誰が話していますか？

(A) 山岳ガイド
(B) 動物園の職員

Ⓐ Ⓑ

2. 中間地点で何をしますか？

(A) 野鳥を観察する
(B) 休憩を取る
(C) 健康診断を受ける

Ⓐ Ⓑ Ⓒ

3. このツアーの参加者はどのような人だと推測できますか？

(A) 若い男性
(B) 高齢者
(C) 子供
(D) 野鳥の研究者

Ⓐ Ⓑ Ⓒ Ⓓ

**(MP3) track 048**

4. 誰が電話をかけていると考えられますか？

（A）コンピュータの所有者
（B）コンピュータの修理技師

Ⓐ Ⓑ

5. このメッセージの主な内容は何ですか？

（A）コンピュータの故障部品について
（B）コンピュータの購入について
（C）コンピュータの修理について

Ⓐ Ⓑ Ⓒ

6. 話し手は、相手にどのようなことを依頼していますか？

（A）営業時間に来店してもらうこと
（B）午後8時まで自宅にいてもらうこと
（C）ファックスを送ってもらうこと
（D）折り返しの電話をしてもらうこと

Ⓐ Ⓑ Ⓒ Ⓓ

# Part4 練習問題 日本語編 解説

## 問題 1-3
＊正解　1.(A)　　2.(B)　　3.(B)
◆流れた日本文
問題1-3は次の話に関するものです。
皆様、おはようございます。朝早くからこのハイキング・ツアーにご参加いただきありがとうございます。本日ガイドを務めさせていただく山中ゆきと申します。それでは、今日のツアーのコースを簡単に申し上げます。これからこの集合場所からバスで約20分かけて登山口まで行きます。そこから頂上まで約2時間です。途中の登山道はあまり険しくありませんので、本日多くご参加いただいているご高齢の方々も楽しく登ることができます。幸運に恵まれれば、途中でメジロ、キツツキ、ヒヨドリ、カナリア、ウグイスなどの野鳥を見ることができるかも知れません。登山道の中間地点で約30分の休憩を取ります。皆様が安全に登山できるようスタッフ一同、細心の注意を払うよう心がけておりますが、万が一体調がおかしくなられた場合には、すぐにご連絡をお願いいたします。それではあせらずゆっくりと登山を楽しみましょう。

◆解説
1. 冒頭の挨拶の内容より、話し手が(A)の山岳ガイドであることが予測できます。
2. 野鳥が観察できる話については、登山道の途中でのこと。(A)は不正解。ガイドは最後に体調に関する話をしていますが、(C)の内容はどこでも触れられていないため不正解。話の途中に、登山道の中間地点で約30分の休憩を取る旨が話されていることからも(B)が正解。
3. 話の中に「ご高齢の方も…」と話されていたり、体調についての注意が行なわれていたり、聞き手が(B)の高齢者であることが推測できます。

## 問題 4-6
＊正解　4.(B)　　5.(C)　　6.(D)
◆流れた日本文
問題4-6は次の音声メッセージに関するものです。
こんにちは。小池様の携帯電話でしょうか。いつもお世話になりありがとうございます。ファミリー電機ワダの野本と申します。本日、コンピュータの修理の件で、午後3時に小池様のご自宅に伺わせていただいたのですが、お留守のようでした。改めて、修理のお伺いの予約を決めさせていただきたいと思いますので、ファミリー電機ワダの野本までご連絡いただけますでしょうか。電話番号は、0511 - 8976 - 2872 です。営業時間は午前10時から午後8時です。お手数おかけいたしますが、どうぞよろしくお願いいたします。

◆解説
4. 携帯電話に残したメッセージで、電話をかけている人が電機屋に勤務している人物であることがうかがえます。「修理のお伺いの…」などと話していることからも、(A)のコンピュータ所有者ではなく、(B)のコンピュータ修理技師が正解。
5. 話し手が「コンピュータの修理の件で」と説明していますので、(C)が正解。
6. 話し手がメッセージの後半に「ご連絡いただけますでしょうか？」と話して、その後に「電話番号は…」と続いています。(D)が正解となります。

それでは、今の日本語の練習問題を英語でチャレンジしてみましょう。

## Part4 練習問題　英語バージョンで再チャレンジ

(MP3) track 049

1. Who is the speaker?

   (A) A mountain guide
   (B) A zookeeper

   Ⓐ Ⓑ

2. What do people do at the halfway stage?

   (A) Watch wild birds
   (B) Take a rest
   (C) Have a physical examination

   Ⓐ Ⓑ Ⓒ

3. Who are the tour participants most likely to be?

   (A) Young men
   (B) Aged people
   (C) Children
   (D) Wild bird researchers

   Ⓐ Ⓑ Ⓒ Ⓓ

(MP3) track 050

4. Who is the caller most likely to be?

(A) An owner of the computer
(B) A computer engineer

Ⓐ Ⓑ

5. What is the message mainly about?

(A) Failed parts of a computer
(B) Purchasing a computer
(C) Repairing the computer

Ⓐ Ⓑ Ⓒ

6. What does the speaker ask Mr. Koike?

(A) Visit the shop when it is open
(B) Stay home till 8:00 p.m.
(C) Send a fax to the shop
(D) Call the shop back

Ⓐ Ⓑ Ⓒ Ⓓ

# 練習問題 英語バージョンで再チャレンジ 解説

### 問題 1-3
＊正解　1. (A)　　2. (B)　　3. (B)

◆流れた英文

Question 1 through 3 refer to the following talk.
Good morning, everyone. Thank you for joining our early morning hiking tour today. My name is Yuki Yamanaka and I'll be your guide today. Let me briefly tell you about the hiking trail for today. We'll leave for the entrance to a climbing trail from here by bus. It will take about 20 minutes. From there, it will take about 2 hours to get to the top. The route to the top is not very steep, so even the seniors among us today will enjoy climbing. If you are lucky enough, you may see wild birds such as white-eyes, woodpeckers, bulbuls, canaries and bush warblers on the way. We will take a break for 30 minutes at the halfway stage. We will do our best for you to climb safely. However, in case you feel sick or don't feel well, please let us know. Take your time and let's enjoy hiking.

◆英文の訳

問題 1-3 は次の話に関するものです。
皆様、おはようございます。朝早くからこのハイキング・ツアーにご参加いただきありがとうございます。本日ガイドを務めさせていただく山中ゆきと申します。それでは、今日のツアーのコースを簡単に申し上げます。これからこの集合場所からバスで約20分かけて登山口まで行きます。そこから頂上まで約2時間です。途中の登山道はあまり険しくありませんので、本日多くご参加いただいているご高齢の方でも楽しく登ることが出来ると思います。幸運に恵まれれば、途中でメジロ、キツツキ、ヒヨドリ、カナリア、ウグイスなどの野鳥を見ることが出来るかも知れません。登山道の中間地点で約30分の休憩を取ります。皆様が安全に登山できるようスタッフ一同、細心の注意を払うよう心がけておりますが、万が一体調がおかしくなられた場合には、すぐにご連絡をお願いいたします。それではあせらずゆっくりと登山を楽しみましょう。

◆語句説明

＜設問より＞ mountain guide「山岳ガイド」、zookeeper「(動物園の) 職員、飼育員」、halfway「途中で」、aged「高齢の、老齢の」、wild bird「野鳥」、researcher「研究者」
＜流れた英文より＞ join「参加する、加わる」、Let me tell you about 〜「〜にお話させてください」、briefly「簡潔に、手短に」、hiking trail「ハイキングのコース」、leave for 〜「(〜に向けて) 出発する」、entrance to a climbing trail「登山口」、top「(山の) 頂上」、route「道、ルート」、steep「(坂などが) 急な、険しい」、seniors「高齢者の人達」、enjoy climbing「登山を楽しむ」、if one is lucky enough「(〜の) 運がよければ」、white-eye「メジロ」、woodpecker「キツツキ」、bulbul「ヒヨドリ」、canary「カナリア」、bush warbler「ウグイス」、on the way「途中で」、take a break「休憩を取る」、at the halfway stage「中間地点

で、途中で」、do one's best「最善を尽くす」、safely「安全に」、in case ~「万が一~であれば」、feel sick「気分が悪くなる」、let ~ know「~に知らせる、~に伝える」、take one's time「ゆっくり・のんびりやる」

## 問題 4-6
＊正解　4.（B）　　5.（C）　　6.（D）
◆流れた英文
Question 4 through 6 refer to the following voice message.
Hello. I hope I'm leaving a message on Mr. Koike's answering machine. Thank you for using our service. This is Nomoto speaking, from Family Electronics Shop. I visited your house to fix the computer at three o'clock this afternoon, but you seemed to be out at that time. Could you give me a call at Family Electronics Shop, so that we can rearrange the date for repair? Our telephone number is 0511 － 8976 － 2872. Our business hours are from 10:00 am to 8:00p.m. Thank you very much for your time.

◆英文の訳
問題 4-6 は次の音声メッセージに関するものです。
こんにちは。小池様の携帯電話でしょうか。いつもお世話になりありがとうございます。ファミリー電機ワダの野本と申します。本日、コンピュータの修理の件で、午後３時に小池様のご自宅に寄せていただいたのですが、お留守のようでした。改めて、修理のお伺いの予約を決めさせていただきたいと思いますので、ファミリー電機ワダの野本までご連絡いただけますでしょうか。電話番号は、0511 － 8976 － 2872 です。営業時間は午前 10 時から午後 8 時です。お手数おかけいたしますが、どうぞよろしくお願いいたします。

◆語句説明
＜設問より＞ owner「所有者」、engineer「技師、技術者」、failed parts「故障部品」、purchase「（~を）購入する」、repair「（~を）修理する」、open「（店などが）開いている、営業中の」、call ~ back「~に折り返し電話する」
＜流れた英文より＞ leave a message on one's answering machine「~の留守電話にメッセージを残す」、Thank you ~ing「していただきありがとうございます」、This is ~ speaking「（電話で）私は~と申します」、fix「修理する」、~ seemed to be out「（~は）留守にしていたようである」、give ~ a call「~に電話をかける」、so that「~するために、~できるように」、rearrange「~を設定しなおす」、the date for repair「修理の日取り」、business hours「営業時間」

# 🔊 Part4 練習問題　英語実践編

それでは、英文で練習問題にチャレンジしてみましょう。

　それでは、英文で練習問題にチャレンジしてみましょう。
　英語の実践練習問題では、アナウンス文ごとに選択肢の数を変えています。問題1-3（1つ目のアナウンス文）では2つ、問題4-6（2つ目のアナウンス文）では3つ、問題7-9（3つ目のアナウンス文）では4つ、と設定されています。少しずつ問題に慣れていきましょう。
　英文を読むスピードは2つ用意しています。
　最初に、実際のテストより少しゆっくりしたスピードのものが読まれ、その後に、実際のテストと同じスピードのものが読まれます。解答をし終えたら、次の問題にとりかかるよう心がけてください。
　Part4では、Part3同様に、音声が放送される前に設問を読んで、どのようなことが質問されるかを予め確認しておくことがとても重要です。

# 練習問題（英語）

ゆっくりスピード **MP3** track 051

1. Who is Leslie Smith?

(A) A guest speaker
(B) A driver

Ⓐ Ⓑ

2. How long has Leslie Smith been involved in the project?

(A) 7 years
(B) 5 years

Ⓐ Ⓑ

3. What does Make a Big Smile Project do?

(A) Build schools for African children
(B) Send used shoes to African children

Ⓐ Ⓑ

MP3 track 052

4. What kind of students is the speaker addressing?

(A) Geology
(B) Mathematics
(C) Business

Ⓐ Ⓑ Ⓒ

5. Where is the speaker?

(A) In college
(B) At a theater
(C) In a fire station

Ⓐ Ⓑ Ⓒ

6. According to the talk, what will people NOT learn from Business and Non-profit Organizations?
(A) How to start non-profit organizations
(B) Differences between for-profit and non-profit organizations
(C) Comparison of non-profit and for-profit businesses

Ⓐ Ⓑ Ⓒ

MP3 track 053

7. What is the talk mainly about?

(A) King Magician of the Year
(B) Academy of Magical Arts
(C) Sales of magic items
(D) How to do magic tricks

Ⓐ Ⓑ Ⓒ Ⓓ

8. Who is this talk likely to be addressed to?

(A) Retail sellers
(B) Magicians
(C) Mesa employees
(D) Employees of Larry's Magic Suppliers

Ⓐ Ⓑ Ⓒ Ⓓ

9. Where is this talk being made?

(A) At a station
(B) At school
(C) At a business meeting
(D) At a movie theater

Ⓐ Ⓑ Ⓒ Ⓓ

それでは、今の問題を今度は通常スピードの英語で再度聞いてみましょう。

ノーマルスピード MP3 track 054-056

# Part4 練習問題 英語実践編 解答&解説

## 問題 1-3
*正解　1.(A)　　2.(A)　　3.(B)

◆流れた英文
Question 1 through 3 refer to the following speech.
Ladies and gentlemen, we're going to have a real treat this evening! Our guest speaker, Leslie Smith, is the man who has been the driving force behind Make a Big Smile Project for the last 7 years. As you may know, he started a charity program to send second-hand shoes to children in Africa. He is the man who knows the whole history of how this small group has grown into an international organization today. He is going to tell us the stories, the challenges, and the little known secrets. Not only that, but he is also a very entertaining speaker! Please now let us give a very warm welcome to Leslie Smith.

◆英文の訳
問題 1-3 は次のスピーチに関するものです。
皆様には、今晩大いに楽しんでいただけることと存じます。今回のゲストスピーカーである Leslie Smith さんは、この7年間 Make a Big Smile Project の立役者でした。皆様ご存じの通り、この方はアフリカの子供たちに古い靴を送る慈善プログラムを始めました。彼は、この小さな団体がいかにして国際的な機関に成長してきたか、これまでのすべての歴史を熟知している人物です。今晩は、そのような話と課題、またあまり知られていない秘策について話してくれることでしょう。また、彼は人を楽しませてくれる講演者でもあります。それでは、Leslie Smith さんを温かくお迎えいたしましょう。

◆設問の訳
1. Leslie Smith とはどのような人物ですか？
(A) 来賓講演者　　(B) 運転手
2. Leslie Smith はどれくらいの期間、プロジェクトに関わっていますか？
(A) 7年間　　(B) 5年間
3. Make a Big Smile Project は何をしていますか？
(A) アフリカの子供のために学校を建てる　　(B) アフリカの子供に古い靴を送る

◆語句&解説
treat「もてなし、特別な楽しみ」／driving force behind ～「～を支える原動力、～の立役者」／as you may know「ご存じの通り、ご存じかもしれませんが」／charity「慈善」／second-hand「使い古しの、中古の」／grow into ～「成長して～になる」／little known「ほとんど知られていない」／secret「秘密、秘策」／entertaining「面白い、楽しい、愉快な」／let us ～ (=let's ～)「～しましょう」／give a warm welcome to ～「～を温かく歓迎する」

1. 2番目の文で、Our guest speaker, Leslie Smith, is …と紹介されています。(A) が正解となることがわかります。
2. Leslie Smith という人物が、Make a Big Smile Project の立役者であった期間が… for the last 7 years と説明されています。(A) 7 years が正答となります。
3. Leslie Smith が始めた慈善プログラムが to send second-hand shoes to children in Africa であったと話されています。(B) が正解。選択肢の中の used は「使用済みの、中古の」の意味。

## 問題 4-6
\*正解　4. (C)　　5. (A)　　6. (A)

◆流れた英文

Question 4 through 6 refer to the following announcement.
Good morning everyone, and welcome to one of the most prestigious colleges in this state!  I am sure you are all very happy to be here at the University of Saint Mitchell.  I believe you have learned about our school during orientation.  I am Larry Tasaki from the Economics Department.  Now I would like to explain about PSA 245, Business and Non-profit Organizations.  This course will focus on what business can learn from nonprofit organizations. Through a series of management simulations, you will have the opportunity to compare and contrast the similarities and differences between for-profit and non-profit organizations.

◆英文の訳

問題 4-6 は次のアナウンスに関するものです。
皆様おはようございます。この州の一流大学の１つである大学にようこそ！こちら Saint Mitchell 大学に入学されたことを皆様お喜びのことと確信しております。オリエンテーションを通して、この大学のことを知っていただけたことと思います。私は Larry Tasaki と申しまして、経済学部の者です。今からコース PSA245 の Business and Non-Profit Organizations についての説明をさせていただきたいと思います。このコースは、ビジネスが非営利組織より得られるものは何か、という点を中心に学習します。一連の経営シミュレーションを通して、営利目的型組織と非営利目的型組織の類似点と相違点を比較対象する機会に恵まれます。

◆設問の訳

4. スピーカーはどのような学生に話かけていますか？
(A) 地質学（の学生）　　(B) 数学（の学生）　　(C) ビジネス（の学生）
5. スピーカーはどこにいますか？
(A) 大学　　(B) 劇場　　(C) 消防署
6. 説明によれば、営利目的型組織と非営利目的型組織より学ばないものは何ですか？
(A) 非営利目的型組織の発足の仕方　　(B) 営利型組織と非営利型組織の違い
(C) 営利型ビジネスと非営利型ビジネスの比較

◆ 語句&解説

prestigious「名声のある、一流の」/ I am sure ~「(私は) ~であると確信している」/ be in ~「~に属している」/ non-profit organization「非営利団体、非営利型組織」/ focus on ~「~に集中する、~に焦点を合わせる」/ a series of ~「一連の~」/ simulation「模擬実験、シミュレーション」/ compare「比較する」/ contrast「対照させる、対比させる」/ similarity「類似点、相似」/ difference「相違点、違い」/ for-profit「営利目的(型)の、利潤追求の」

4. 設問の address は「(人に) 話しかける、言葉をかける」の意味。冒頭の who は目的格で、「speaker は誰に向かって話をしているか」という内容となります。アナウンス文より Business を学習する学生で (C) が解答となることがわかります。

5. アナウンス文の内容より、speaker は大学キャンパス内にいることがわかります。

6. 話の中に案内されているコースで、for-profit と non-profit の組織の similarities (類似点) と differences (相違点) を compare and contrast …する機会があることが述べられています。(A) については何も触れられていないことから、(A) が正答となります。

## 問題 7-9

＊正解  7. (C)   8. (A)   9. (C)

◆ 流れた英文

Question 7 through 9 refer to the following announcement.
Thank you for attending our sales promotion meeting.  We are very glad to spend this time with you, our business partners.  At Larry's Magic Supplies, we are now proud to announce that we are having a special price reduction on all Mesa products.  We are clearing out our inventory at sales costs.  Mesa has a great line of materials: practical, easy to use, and affordable.  Mesa is a brilliant, award winning creator that has been voted "King Magician of the Year" by the Academy of Magical Arts and the prestigious Magic Castle in Hollywood, California.  This is a fantastic opportunity to pick up great products that you can turn over at a huge profit margin.  You can order them here right now.

◆ 英文の訳

問題 7-9 は次のアナウンスに関するものです。
販売促進会議にご出席いただきありがとうございます。我々のビジネスパートナーである皆様方とこのような時間を過ごせることを大変嬉しく思います。Larry's Magic Supplies 社において、Mesa 商品すべての特別値引きのご案内ができることは光栄であります。今回はセール価格にて、我々の在庫品を一掃したいと思っております。
Mesa には、日常的、使い方も簡単、そして手頃な値段の一連の商品があります。Mesa は Magical Arts 学会と名声あるカリフォルニア州ハリウッドの Magic Castle に、King Magician 年間最優秀賞として選ばれた受賞歴のある素晴らしい創作会社です。今回は、大きな利益幅にて取り扱うことのできる素晴らしい商品を手に入れることができる夢のような機会となっています。本日、ここでお買い求めください。

◆設問の訳

7. 話は主に何に関してのものですか？
(A) King Magician としての年間最優秀賞　　(B) Magical Arts 学会
(C) 手品商品のセールス　　　　　(D) 手品の仕方

8. この話は、誰に向けられたものと思われますか？
(A) 小売業者　　(B) 手品師　　(C) Mesa の従業員　　(D) Larry's Magic Suppliers の従業員

9. この話は、どこで行なわれていますか？
(A) 駅　　(B) 学校　　(C) ビジネスミーティング　　(D) 映画館

◆語句&解説

attend「参加する、出席する」／sales promotion「販売促進」／spend「（時間を）過ごす」／(be) proud to ～「～するのを誇りとしている、～できて光栄に思う」／price reduction「値下げ、値引き」／clear out「～を掃除する、空にする、～を処分する」／inventory「棚卸し、在庫」／sales cost「セール価格」／a great line of ～「一連の～、～のシリーズ」／materials「用具、器具」／practical「日常の、普段用の」／easy to use「使いやすい、取り扱いが簡単な」／affordable「（価格が）手頃な」／brilliant「見事な、卓越した」／award winning「賞を取った、受賞歴のある」／vote「（投票で）～を決定する」→ be voted ～「～に（投票で）選ばれる」／Academy of ～「～学会」／prestigious「名声のある、一流の」／pick up「手に取る、手に入れる」／turn over「（商品を）取り扱う、販売する」／profit margin「利益幅」

7. 選択肢すべてに文中の語（句）が出てきているため、アナウンス文が放送される前に各選択肢に目を通しておくことがとても重要となります。話の内容は手品商品の値引き販売についての説明であり、(C) が正答。

8. 7番同様、選択肢すべてに文中の語（句）が出てきています。Larry's Magic Suppliers の者が、Mesa の商品について business partners に話しています。(A) Retail sellers（小売業者）が答えとなります。

9. アナウンス文の内容から、(A)、(B)、(D) の場所で行なわれることはありえません。(C) が正答。

# Ⅱ
# 実践模擬テスト

# 解答用紙

## Part 1

| No. | ANSWER A B C D |
|---|---|
| 1 | Ⓐ Ⓑ Ⓒ Ⓓ |
| 2 | Ⓐ Ⓑ Ⓒ Ⓓ |
| 3 | Ⓐ Ⓑ Ⓒ Ⓓ |
| 4 | Ⓐ Ⓑ Ⓒ Ⓓ |
| 5 | Ⓐ Ⓑ Ⓒ Ⓓ |
| 6 | Ⓐ Ⓑ Ⓒ Ⓓ |
| 7 | Ⓐ Ⓑ Ⓒ Ⓓ |
| 8 | Ⓐ Ⓑ Ⓒ Ⓓ |
| 9 | Ⓐ Ⓑ Ⓒ Ⓓ |
| 10 | Ⓐ Ⓑ Ⓒ Ⓓ |

## Part 2

| No. | ANSWER A B C |
|---|---|
| 11 | Ⓐ Ⓑ Ⓒ |
| 12 | Ⓐ Ⓑ Ⓒ |
| 13 | Ⓐ Ⓑ Ⓒ |
| 14 | Ⓐ Ⓑ Ⓒ |
| 15 | Ⓐ Ⓑ Ⓒ |
| 16 | Ⓐ Ⓑ Ⓒ |
| 17 | Ⓐ Ⓑ Ⓒ |
| 18 | Ⓐ Ⓑ Ⓒ |
| 19 | Ⓐ Ⓑ Ⓒ |
| 20 | Ⓐ Ⓑ Ⓒ |
| 21 | Ⓐ Ⓑ Ⓒ |
| 22 | Ⓐ Ⓑ Ⓒ |
| 23 | Ⓐ Ⓑ Ⓒ |
| 24 | Ⓐ Ⓑ Ⓒ |
| 25 | Ⓐ Ⓑ Ⓒ |
| 26 | Ⓐ Ⓑ Ⓒ |
| 27 | Ⓐ Ⓑ Ⓒ |
| 28 | Ⓐ Ⓑ Ⓒ |
| 29 | Ⓐ Ⓑ Ⓒ |
| 30 | Ⓐ Ⓑ Ⓒ |
| 31 | Ⓐ Ⓑ Ⓒ |
| 32 | Ⓐ Ⓑ Ⓒ |
| 33 | Ⓐ Ⓑ Ⓒ |
| 34 | Ⓐ Ⓑ Ⓒ |
| 35 | Ⓐ Ⓑ Ⓒ |
| 36 | Ⓐ Ⓑ Ⓒ |
| 37 | Ⓐ Ⓑ Ⓒ |
| 38 | Ⓐ Ⓑ Ⓒ |
| 39 | Ⓐ Ⓑ Ⓒ |
| 40 | Ⓐ Ⓑ Ⓒ |

## Part 3

| No. | ANSWER A B C D |
|---|---|
| 41 | Ⓐ Ⓑ Ⓒ Ⓓ |
| 42 | Ⓐ Ⓑ Ⓒ Ⓓ |
| 43 | Ⓐ Ⓑ Ⓒ Ⓓ |
| 44 | Ⓐ Ⓑ Ⓒ Ⓓ |
| 45 | Ⓐ Ⓑ Ⓒ Ⓓ |
| 46 | Ⓐ Ⓑ Ⓒ Ⓓ |
| 47 | Ⓐ Ⓑ Ⓒ Ⓓ |
| 48 | Ⓐ Ⓑ Ⓒ Ⓓ |
| 49 | Ⓐ Ⓑ Ⓒ Ⓓ |
| 50 | Ⓐ Ⓑ Ⓒ Ⓓ |
| 51 | Ⓐ Ⓑ Ⓒ Ⓓ |
| 52 | Ⓐ Ⓑ Ⓒ Ⓓ |
| 53 | Ⓐ Ⓑ Ⓒ Ⓓ |
| 54 | Ⓐ Ⓑ Ⓒ Ⓓ |
| 55 | Ⓐ Ⓑ Ⓒ Ⓓ |
| 56 | Ⓐ Ⓑ Ⓒ Ⓓ |
| 57 | Ⓐ Ⓑ Ⓒ Ⓓ |
| 58 | Ⓐ Ⓑ Ⓒ Ⓓ |
| 59 | Ⓐ Ⓑ Ⓒ Ⓓ |
| 60 | Ⓐ Ⓑ Ⓒ Ⓓ |
| 61 | Ⓐ Ⓑ Ⓒ Ⓓ |
| 62 | Ⓐ Ⓑ Ⓒ Ⓓ |
| 63 | Ⓐ Ⓑ Ⓒ Ⓓ |
| 64 | Ⓐ Ⓑ Ⓒ Ⓓ |
| 65 | Ⓐ Ⓑ Ⓒ Ⓓ |
| 66 | Ⓐ Ⓑ Ⓒ Ⓓ |
| 67 | Ⓐ Ⓑ Ⓒ Ⓓ |
| 68 | Ⓐ Ⓑ Ⓒ Ⓓ |
| 69 | Ⓐ Ⓑ Ⓒ Ⓓ |
| 70 | Ⓐ Ⓑ Ⓒ Ⓓ |

## Part 4

| No. | ANSWER A B C D |
|---|---|
| 71 | Ⓐ Ⓑ Ⓒ Ⓓ |
| 72 | Ⓐ Ⓑ Ⓒ Ⓓ |
| 73 | Ⓐ Ⓑ Ⓒ Ⓓ |
| 74 | Ⓐ Ⓑ Ⓒ Ⓓ |
| 75 | Ⓐ Ⓑ Ⓒ Ⓓ |
| 76 | Ⓐ Ⓑ Ⓒ Ⓓ |
| 77 | Ⓐ Ⓑ Ⓒ Ⓓ |
| 78 | Ⓐ Ⓑ Ⓒ Ⓓ |
| 79 | Ⓐ Ⓑ Ⓒ Ⓓ |
| 80 | Ⓐ Ⓑ Ⓒ Ⓓ |
| 81 | Ⓐ Ⓑ Ⓒ Ⓓ |
| 82 | Ⓐ Ⓑ Ⓒ Ⓓ |
| 83 | Ⓐ Ⓑ Ⓒ Ⓓ |
| 84 | Ⓐ Ⓑ Ⓒ Ⓓ |
| 85 | Ⓐ Ⓑ Ⓒ Ⓓ |
| 86 | Ⓐ Ⓑ Ⓒ Ⓓ |
| 87 | Ⓐ Ⓑ Ⓒ Ⓓ |
| 88 | Ⓐ Ⓑ Ⓒ Ⓓ |
| 89 | Ⓐ Ⓑ Ⓒ Ⓓ |
| 90 | Ⓐ Ⓑ Ⓒ Ⓓ |
| 91 | Ⓐ Ⓑ Ⓒ Ⓓ |
| 92 | Ⓐ Ⓑ Ⓒ Ⓓ |
| 93 | Ⓐ Ⓑ Ⓒ Ⓓ |
| 94 | Ⓐ Ⓑ Ⓒ Ⓓ |
| 95 | Ⓐ Ⓑ Ⓒ Ⓓ |
| 96 | Ⓐ Ⓑ Ⓒ Ⓓ |
| 97 | Ⓐ Ⓑ Ⓒ Ⓓ |
| 98 | Ⓐ Ⓑ Ⓒ Ⓓ |
| 99 | Ⓐ Ⓑ Ⓒ Ⓓ |
| 100 | Ⓐ Ⓑ Ⓒ Ⓓ |

ここからの問題は実際のテストと同じ速さで録音されています。

# PART 1

(MP3) track 057-066

1.

2.

リスニングパート模擬テスト

3.

4.

**5.**

**6.**

リスニングパート模擬テスト

7.

8.

9.

10.

リスニングパート模擬テスト

# PART 2

(MP3) track 067-096

11. Mark your answer on your answer sheet.

12. Mark your answer on your answer sheet.

13. Mark your answer on your answer sheet.

14. Mark your answer on your answer sheet.

15. Mark your answer on your answer sheet.

16. Mark your answer on your answer sheet.

17. Mark your answer on your answer sheet.

18. Mark your answer on your answer sheet.

19. Mark your answer on your answer sheet.

20. Mark your answer on your answer sheet.

21. Mark your answer on your answer sheet.

22. Mark your answer on your answer sheet.

23. Mark your answer on your answer sheet.

24. Mark your answer on your answer sheet.

25. Mark your answer on your answer sheet.

**26**. Mark your answer on your answer sheet.

**27**. Mark your answer on your answer sheet.

**28**. Mark your answer on your answer sheet.

**29**. Mark your answer on your answer sheet.

**30**. Mark your answer on your answer sheet.

**31**. Mark your answer on your answer sheet.

**32**. Mark your answer on your answer sheet.

**33**. Mark your answer on your answer sheet.

**34**. Mark your answer on your answer sheet.

**35**. Mark your answer on your answer sheet.

**36**. Mark your answer on your answer sheet.

**37**. Mark your answer on your answer sheet.

**38**. Mark your answer on your answer sheet.

**39**. Mark your answer on your answer sheet.

**40**. Mark your answer on your answer sheet.

# PART 3

(MP3) track 097-106

41. Where does the woman work?

   (A) At a telephone company
   (B) At a travel agency
   (C) At a bank
   (D) At a temporary agency

42. What does the woman ask the man?

   (A) What new job the man has
   (B) Where the man is moving
   (C) When the man wants to disconnect his phone
   (D) What new number the man wants

43. When does the man want to stop the service?

   (A) Saturday morning
   (B) Saturday evening
   (C) Sunday morning
   (D) Sunday evening

**44.** What does the man want to know about?

- (A) A client
- (B) A street name
- (C) The price of food
- (D) A restaurant

**45.** What is the man going to do tomorrow?

- (A) Take the woman to a restaurant
- (B) Have lunch with a client
- (C) Look for some place to eat
- (D) Take a day off

**46.** What does the woman do in the end?

- (A) Ask the man to call the restaurant
- (B) Take the man to a restaurant
- (C) Recommend a different place to the man
- (D) Complain about the restaurant on Walter Street

**47.** Where are the woman and the man talking?

- (A) At a hotel
- (B) At an office
- (C) At a restaurant
- (D) At a theater

**48.** What does the man tell the woman?

- (A) She can not take the seats.
- (B) He can not move.
- (C) She can find more vacant seats on the opposite side.
- (D) He can give her free seats.

**49.** How many people are going to join the woman?

- (A) One
- (B) Two
- (C) Three
- (D) Four

50. What is Rick Smithson doing now?

    (A) He is going out to lunch.
    (B) He is talking on another call.
    (C) He is having a meeting.
    (D) He is working on a personal matter.

51. Why does the man tell the woman that he will call back again?

    (A) Because he does not like the woman.
    (B) Because he is paying a personal call.
    (C) Because he knows that the meeting is over soon.
    (D) Because he does not want to leave a message.

52. What does the woman tell the man to do?

    (A) To call back in 30 minutes
    (B) To come to the office in an hour
    (C) To leave Rick Smithson a message
    (D) To be in a meeting

53. What does the man feel at the beginning?

    (A) He is excited.
    (B) He wants to help the woman.
    (C) He is happy to show the charts.
    (D) He does not know what to do.

54. What does the man ask the woman to do?

    (A) Have a presentation together
    (B) Examine the data together
    (C) Look at the charts together
    (D) Organize the data together

55. When is the meeting going to be held?

    (A) On Tuesday
    (B) On Wednesday
    (C) On Thursday
    (D) On Friday

56. What are the speakers mainly discussing?

    (A) Stocks
    (B) Labor hours
    (C) Wage and salary
    (D) New jobs

57. What kind of business conditions does the company have?

    (A) Promising
    (B) Severe
    (C) Recovering
    (D) Advancing

58. What does the woman suggest the man do?

    (A) Find a different job
    (B) Talk to the president
    (C) Borrow money
    (D) Buy bonds

**59.** When is the man's interview?

- (A) Tomorrow
- (B) In two days
- (C) In three days
- (D) In four days

**60.** How is the man feeling?

- (A) Relaxed
- (B) Excited
- (C) Nervous
- (D) Unhappy

**61.** According to the woman, what kind of person is the man?

- (A) Independent
- (B) Friendly
- (C) Impatient
- (D) Stubborn

**62.** Where is the woman now?

- (A) In a post office
- (B) In a police station
- (C) In a restaurant
- (D) In a lost and found

**63.** What color is the man's mobile phone?

- (A) Black and silver
- (B) Completely black
- (C) Black and white
- (D) Completely white

**64.** What will the man probably do soon?

- (A) Clear the table
- (B) Go to the restaurant again
- (C) Call the restaurant
- (D) Talk to the waiter

**65.** What is being discussed?

   (A) The place for the party
   (B) The food to prepare for the party
   (C) How to cook pork
   (D) What gift to give

**66.** What does the woman remind the man of?

   (A) Mr. Khan does not want to go to the restaurant.
   (B) Mr. Khan forgot about the party.
   (C) Mr. Khan does not eat pork.
   (D) Mr. Khan is busy.

**67.** When will the party be held?

   (A) Next Saturday
   (B) Next Sunday
   (C) Next month
   (D) Not yet decided

**68.** How did the woman go to meet the man?

(A) By bus
(B) By car
(C) By taxi
(D) On foot

**69.** Where are the woman's keys now?

(A) In her house
(B) In her car
(C) At the man's place
(D) In the taxi

**70.** When did the woman lock the keys in the car?

(A) This morning
(B) Yesterday
(C) The day before yesterday
(D) Last week

# PART 4

(MP3) track 107-116

**71.** Who is the speaker?

(A) A construction worker
(B) A lawyer
(C) A banker
(D) A university student

**72.** When will the speaker return?

(A) On Thursday
(B) On Saturday
(C) On Sunday
(D) On Monday

**73.** What does the speaker want the caller to leave on the answering machine?

(A) E-mail address
(B) Address
(C) Office name
(D) Message

**74.** Where is this announcement most likely being made?

- (A) In a bus
- (B) In a train
- (C) In an airplane
- (D) In a boat

**75.** How many people can the dining car hold?

- (A) 30 people
- (B) 45 people
- (C) 60 people
- (D) 70 people

**76.** What part of the day is it most likely to be?

- (A) Morning
- (B) Afternoon
- (C) Evening
- (D) At night

**77.** Where is this announcement most likely being made?

  (A) At a bus stop
  (B) At an airport
  (C) At a train station
  (D) At a taxi stand

**78.** How long will the train be delayed for?

  (A) 15 minutes
  (B) 25 minutes
  (C) 30 minutes
  (D) 50 minutes

**79.** What track will the train arrive at?

  (A) Track 2
  (B) Track 3
  (C) Track 5
  (D) Track 7

**80.** What is the message mainly about?

- (A) A birthday present
- (B) A good-bye party
- (C) An answering machine
- (D) An appointment

**81.** What does the speaker ask William to do?

- (A) Send her an email
- (B) Provide her with more information
- (C) Come to her house
- (D) Come to a party

**82.** What will the speaker do on Friday afternoon?

- (A) Meet her client
- (B) Have an office meeting
- (C) Visit her relatives
- (D) Call Mr. Johnson

**83.** Where is the speaker?

- (A) At a restaurant
- (B) At a travel agency
- (C) At a lakeside
- (D) At an inn

**84.** What is the season now?

- (A) Spring
- (B) Summer
- (C) Autumn
- (D) Winter

**85.** What activity is NOT mentioned?

- (A) Canoeing
- (B) Hiking
- (C) Biking
- (D) Fishing

**86.** Who is Robert Chan?

(A) A lawyer
(B) A bank clerk
(C) A mail carrier
(D) A telephone receptionist

**87.** What does the caller want Ms. Maigat to do?

(A) To sign something
(B) To renew her credit card
(C) To pay the man money
(D) To read her card agreement information

**88.** How does Robert Chan ask to be contacted?

(A) By letter
(B) By fax
(C) By telephone
(D) By seeing him at his office

89. Who is the speaker most likely to be?

　　(A) An accountant
　　(B) A chef
　　(C) A nutritionist
　　(D) A doctor

90. According to the speech, how much fiber do we need every day?

　　(A) 10 to 20 grams
　　(B) 20 to 30 grams
　　(C) 30 to 40 grams
　　(D) 40 to 50 grams

91. What information is provided in the booklet?

　　(A) What fruits, beans, vegetables and grains include fiber
　　(B) What causes diarrhea or gas
　　(C) How little fiber Japanese people take in
　　(D) How much fiber is contained in food

**92.** How long does the tour last?

- (A) 40 minutes
- (B) 90 minutes
- (C) 120 minutes
- (D) 140 minutes

**93.** What is being explained in the introduction?

- (A) Scenery
- (B) Town history
- (C) Jewelry
- (D) Coal mining

**94.** What change does the speaker talk about?

- (A) The town has become more prosperous.
- (B) The mine produces more silver now.
- (C) The number of workers has increased.
- (D) The population has become smaller.

95. Who is the speaker?

    (A) An engineer
    (B) A scientist
    (C) A student
    (D) A translator

96. What is the speaker's purpose?

    (A) To present herself as a job applicant
    (B) To interview a job applicant
    (C) To advertise the company
    (D) To tell about a job opening

97. What is true about the speaker?

    (A) She wants to build her own company.
    (B) She wants to work overseas.
    (C) She wants to be open-minded.
    (D) She wants to study new technologies.

**98.** Where is this announcement most likely being made?

   (A) On a college campus
   (B) At a fitness center
   (C) In a hotel
   (D) In the library

**99.** What will happen to the lockers?

   (A) All locks in the rooms will be returned to students.
   (B) Staff members will break the lockers in the rooms.
   (C) The locker rooms will be used for a different purpose.
   (D) All lockers in the rooms will be cleaned out.

**100.** According to the passage, what day is it NOT possible to get the deposit back?

   (A) On August 13th
   (B) On July 25th
   (C) On August 15th
   (D) On July 31st

# Part1 トランスクリプト&解答・解説

**1.**

| | |
|---|---|
| (A) She's talking on the phone. <br> (B) She's reading a book. <br> (C) She's writing a letter. <br> (D) She's sitting at a desk. | (A) 彼女は電話で話している。 <br> (B) 彼女は本を読んでいる。 <br> (C) 彼女は手紙を書いている。 <br> (D) 彼女は机に向かって座っている。 |

◆正解 **(D)**：(A) on the phone「電話で」 (C) write a letter「手紙を書く」 (D) sit at a desk「机（の席）に座る」

**2.**

| | |
|---|---|
| (A) They're taking off their socks. <br> (B) They're in the fitting room. <br> (C) They're trying on some clothes. <br> (D) They're looking for some shoes to buy. | (A) 彼女らは靴下を脱いでいる。 <br> (B) 彼女らは試着室にいる。 <br> (C) 彼女らは服を試着している。 <br> (D) 彼女らは靴を買おうと探している。 |

◆正解 **(D)**：(A) take off「～を脱ぐ」 (B) fitting room「試着室」 (C) try on「～を試しに履く、～を試着する」 (D) look for「～を探す」

**3.**

| | |
|---|---|
| (A) The boy is holding his bag.<br>(B) The driver is sleeping on the bus.<br>(C) The dog is getting on the school bus.<br>(D) The boy is talking to his mother. | (A) 男の子がかばんを持っている。<br>(B) 運転手がバスで眠っている。<br>(C) 犬がスクールバスに乗ろうとしている。<br>(D) 男の子が母親に話しかけている。 |

◆正解 **(A)**：(A) hold「～を（手に）持つ」　(C) get onto ～「（乗り物など）に乗り込む」　(D) talk to ～「～に話しかける」

**4.**

| | |
|---|---|
| (A) The man is putting a gun on the grass.<br>(B) The man is shooting a gun.<br>(C) The man is carrying a gun.<br>(D) The man is walking with a hunting dog. | (A) 男性が銃を芝生の上に置いている。<br>(B) 男性が銃を撃っている。<br>(C) 男性が銃を担いでいる。<br>(D) 男性が猟犬と歩いている。 |

◆正解 **(C)**：(A) on the grass「芝生の上に」　(B) shoot a gun「銃を撃つ」　(C) carry「（～を）運ぶ」　(D) hunting dog「猟犬」

**5.**

| | |
|---|---|
| (A) There is a traffic jam.<br>(B) The house is under construction.<br>(C) Some vehicles are parked next to the building.<br>(D) People are gathering in front of the house. | (A) 交通が渋滞している。<br>(B) 家は建設中である。<br>(C) 何台かの自動車が建物の横に停められている。<br>(D) 人々が家の前で集まっている。 |

◆正解 **(C)**：(A) traffic jam「交通渋滞」 (B) (be) under construction「建設中」 (C) vehicle「乗り物、車」、next to ~「~の隣に、横に」 (D) gather「集まる」

**6.**

| | |
|---|---|
| (A) There is a man in front of the stand.<br>(B) People are watching the show.<br>(C) The woman is walking a dog.<br>(D) There are people dancing on the street. | (A) 屋台の前に男性が1人いる。<br>(B) 人々はショーを見ている。<br>(C) 女性は犬を散歩させている。<br>(D) 路上でダンスをしている人々がいる。 |

◆正解 **(A)**：(A) in front of「~の前で」、stand「屋台、売店」 (C) walk a dog「犬を散歩させる」 (D) people ~ing「~している人々」

**7.**

| | |
|---|---|
| (A) Many people are standing on the beach.<br>(B) A lot of people are watching the fish.<br>(C) Most people are wearing life jackets.<br>(D) Almost everyone is getting off the boat. | (A) 大勢の人々が海岸で立っている。<br>(B) 大勢の人々が魚を見ている。<br>(C) ほとんどの人々が救命胴衣を身に付けている。<br>(D) ほとんど全員の人がボートから降りている。 |

◆正解（**C**）：(C) most people「ほとんどの人々」、life jacket「救命胴衣」　(D) get off the boat「ボートから降りる」

**8.**

| | |
|---|---|
| (A) The lift chairs have been placed on the ground.<br>(B) Some chairs are lifted up by people.<br>(C) The ground has been covered with many flowers.<br>(D) Lift poles are lined up on the grass. | (A) リフトの椅子が地面に置かれている。<br>(B) 何脚かの椅子が人々に持ち上げられている。<br>(C) 地面はたくさんの花で覆われている。<br>(D) リフト柱が芝生の上に列になって並んでいる。 |

◆正解（**D**）：(B) lift「～を持ち上げる」　(C) (be) covered with～「～で覆われている」　(D) (be) lined up「並んでいる」

**9.**

| | |
|---|---|
| (A) She's making some coffee.<br>(B) She's arranging some flowers in a vase.<br>(C) She's tearing up a newspaper.<br>(D) She's putting on her glasses. | (A) 彼女はコーヒーを入れている。<br>(B) 彼女は花瓶に花を生けている。<br>(C) 彼女は新聞を破っている。<br>(D) 彼女はメガネをかけている。 |

◆正解 **(D)**：(A) make coffee「コーヒーを入れる」 (B) arrange flowers in a vase「花瓶に花を生ける」 (C) tear up「引き裂く、破く」 (D) put on glasses「メガネをかける」

**10.**

| | |
|---|---|
| (A) Things have been cleared from the table.<br>(B) People are watching TV.<br>(C) A woman is reading a book with a boy.<br>(D) Cups are placed on the coffee table. | (A) テーブルから物が片づけられている。<br>(B) 人々はテレビを見ている。<br>(C) 女性は男の子と一緒に本を読んでいる。<br>(D) カップがコーヒーテーブルの上に置かれている。 |

◆正解 **(A)**：(A) (be) cleared「片づけられる」 (D) (be) placed「置かれている、設置されている」

# Part2 トランスクリプト&解答・解説

**11.** What's your email address? 「Eメールのアドレスは何ですか？」

| | |
|---|---|
| (A) It's printed on my business card. | (A) 名刺に印刷してあります。 |
| (B) Yes, you're right. | (B) はい。その通りです。 |
| (C) It's a good place. | (C) よい場所ですよ。 |
| ◆正解 (A)：(A) email address は何かと尋ねている質問に対して、「(アドレスは)名刺に印刷されています。」と説明。(be) printed「印刷されている」、business card「名刺」(B)、(C) 共に答えとしてふさわしくない。 | |

**12.** Do you want coffee or tea?「コーヒーがよろしいですか、それとも紅茶がよろしいですか？」

| | |
|---|---|
| (A) Yes, I will give you a cup of coffee. | (A) はい。コーヒーを1杯お持ちしますね。 |
| (B) The coffee is tasty. | (B) コーヒーは美味しいです。 |
| (C) Can I have tea, please? | (C) 紅茶をいただけますか。 |
| ◆正解 (C)：Do you ～? で始まる疑問文だが、or で尋ねて選択肢が2つあるためYes/No では答えられない。(A) Yes で答えており、また話し相手に「コーヒーをあげる」と伝えるのも不自然。(B) 話し手はまだ飲み物をもらっていないため、味についてコメントするのは答えとして不適切。 | |

**13.** How many suitcases will you check in?「いくつのスーツケースをチェックインしますか？」

| | |
|---|---|
| (A) No, you don't have your suitcase. | (A) いいえ。あなたはスーツケースを持っていません。 |
| (B) They're very nice. | (B) それらは、とてもよいです。 |
| (C) Just this one. | (C) これ1つだけです。 |
| ◆正解 (C)：「How many ～?」と数を尋ねている。check in「チェックインする」(A) Yes/No で答えるのは不適当。(B) 数を尋ねる質問の答えにならない。 | |

**14.** Could I speak to Mr. Stower?「Mr. Stower はいらっしゃいますか？」

| (A) Yes, I can talk to him soon. | (A) はい。私はまもなく彼に話ができます。 |
|---|---|
| (B) You'll be here in a minute. | (B) あなたは1分後こちらに来ますね。 |
| (C) Sorry, he's not here right now. | (C) すみません。彼はただ今外出中です。 |
| ◆正解 **(C)**：Could I speak to 〜?「(電話で) 〜さんはいらっしゃいますか」(A) 話し相手が Mr. Stower に話をしたいと申し出ているのに、応えている本人が「"I（私）"は彼に話ができます。」と返事をするのは不自然。(B) Mr. Stower のことが尋ねられている状況で答える内容ではない。in a minute「1分後に」 |||

**15.** When is a good time for you?「都合のよいときはいつですか？」

| (A) Any weekday except Thursday. | (A) 木曜日以外の平日ならばいつでも。 |
|---|---|
| (B) In my hometown. | (B) 私の故郷で。 |
| (C) I'm having a good time. | (C) 楽しい時間を過ごしています。 |
| ◆正解 **(A)**：When で始まる質問文。(A) weekday「平日」、except 〜「〜以外は、〜を除いて」(B) 場所の説明を求めているわけではないため、答えとして不自然。(C) も質問の答えにはならない。 ||

**16.** Is your watch new?「あなたの時計は新しいですか？」

| (A) No, I got this from my grandfather a long time ago. | (A) いいえ。ずいぶん昔に祖父にもらいました。 |
|---|---|
| (B) They have just arrived. | (B) それらは届いたばかりです。 |
| (C) Yes, I'm new here. | (C) はい、私は新米です。 |
| ◆正解 **(A)**：(A) this は質問されている watch を指す。(B) 複数形代名詞 they で答えるのは不自然。(C) watch のことを尋ねられているのに、"I"と自分のことを答えるのは不自然。 ||

**17.** Do you have anything else to declare?「他に申告するものはありますか？」

| (A) Thank you very much. | (A) 本当にありがとうございます。 |
|---|---|
| (B) No, I don't. | (B) いいえ、何もありません。 |
| (C) I'm from Japan. | (C) 私は日本から来ました。 |
| ◆正解 **(B)**：空港の税関での会話。declare「申告する」(A) 質問に対して、お礼を述べるのは不自然。(C) 出身地を尋ねられているわけではない。答えとして不自然。 ||

**18.** Where are you going to stay tonight?「今晩どこに滞在しますか？」

| (A) At 9 p.m.<br>(B) At my friend's house.<br>(C) At your request. | (A) 晩の９時に。<br>(B) 私の友人の家で。<br>(C) ご依頼により。 |
| --- | --- |
| ◆正解（B）：疑問詞 where で始まる疑問文。場所を尋ねている。be going to「〜しょうとする」(A) 時間を答えており、質問の答えとならない。(C) 答えとして不自然。at one's request「〜の依頼により」 | |

**19.** How is your new apartment?「新しいアパートはどうですか？」

| (A) They're excited.<br>(B) It was comfortable.<br>(C) I love it! | (A) 彼らはワクワクしています。<br>(B) それはとても心地よかったです。<br>(C) とても気に入っています。 |
| --- | --- |
| ◆正解（C）：疑問詞 how を用いて、話し相手の new apartment について尋ねている。(A) they は複数であり、your new apartment を指すことにはならない。excited「興奮した、わくわくした」は、人の気持ちを表す形容詞。(B) 過去形 was で答えており、時制が一致しない。(C) it は new apartment を指す。 | |

**20.** Would you mind if I smoke now?「今タバコを吸ってもかまいませんか？」

| (A) It's mine.<br>(B) No, not at all.<br>(C) He smokes a lot. | (A) それは私のものです。<br>(B) はい、全く問題ありません。<br>(C) 彼はタバコをたくさん吸います。 |
| --- | --- |
| ◆正解（B）：Would you mind if 〜?「〜してもかまいませんか」は、相手に断りをいれる表現 (A) mine「私のもの」が何を指して話しているか不明。答えとして不自然。(B) 話し手が smoke「タバコを吸う」ことに対して、「全然気にならない」と答えている。not at all「全然（そんなことはない）、全くない」(C) He が誰を指すか不明。答えとして不自然。 | |

**21.** Why did you leave early from the party last night?「昨晩どうしてパーティから早く帰ったのですか？」

| | |
|---|---|
| (A) I don't know if he left early. | (A) 彼が早くパーティから帰ったかはわからないです。 |
| (B) I had to pick up my sister. | (B) 妹（姉）を車で迎えに行かなければならなかったのです。 |
| (C) It is exciting, isn't it? | (C) 楽しいですね。 |
| ◆正解（B）：話し相手「you」に対して、疑問詞 why で理由を尋ねている。(A) he について説明しているため、答えとして不自然。(C) 現在形の is を使い exciting「楽しい」ことを説明。質問の答えにはならない。 ||

**22.** Have you seen my cell phone?「私の携帯電話を見ませんでしたか？」

| | |
|---|---|
| (A) Isn't it on the table? | (A) テーブルの上にあるのではないですか？ |
| (B) I've seen that phone book. | (B) その電話帳を見ました。 |
| (C) Your cell phone is expensive. | (C) あなたの携帯電話は高価なものですね。 |
| ◆正解（A）：(A) it は話し相手の cell phone を指す。(B) cell phone について聞かれているのに、phone book のことについて答えており不適切。(C) expensive「高価な」であると価格のことについて答えるのは不自然。 ||

**23.** Where did Ms. Fuller go?「Ms. Fuller はどこに行きましたか？」

| | |
|---|---|
| (A) He goes there every day. | (A) 彼は、毎日そこに行きます。 |
| (B) She's not here, is she? | (B) 彼女はこちらにいないですよね。 |
| (C) Sorry, I don't know. | (C) すみません。わからないです。 |
| ◆正解（C）：疑問詞 where で過去のことを聞いている。(A) 場所を尋ねられているのに、there と答えるのは不自然。(B) 話し相手に質問をされている立場でありながら、さらに付加疑問文で尋ねており答えとしては不自然。 ||

**24.** How did you come here?「こちらにはどうやって来たのですか？」

| | |
|---|---|
| (A) It took me ten minutes. | (A) 10 分かかりました。 |
| (B) I'll come by bus. | (B) バスで来るつもりです。 |
| (C) On foot. | (C) 徒歩です。 |
| ◆正解（C）：疑問詞 how を使い、過去形で方法について尋ねている。(A) どれくらいの時間がかかったかを答えており不自然。(B) 未来形で答えており答えとしてふさわしくない。 ||

**25.** May I use your phone?「あなたの電話を使ってもいいですか？」

| (A) It's useful.<br>(B) Go ahead.<br>(C) Yes, you know that. | (A) それは役に立ちます。<br>(B) はい、どうぞ。<br>(C) はい。あなたはそのことを知っています。 |
|---|---|
| ◆正解（B）：May I ~?「~してもよいですか」と話し相手に許可を求めている。(B) go ahead「先に進む；（命令文で）お先にどうぞ」(C) Yes で答えており、一見許可に対しての答えとなっているようではあるが、話し相手に対して「（あなたは）知っている」と答えるのは不自然。 ||

**26.** How much does Kevin know about me?「Kevin は私のことをどれくらい知っていますか？」

| (A) He has already paid for it.<br>(B) It is about 20 dollars.<br>(C) I think he looked over your resume. | (A) 彼はすでにその支払いをしました。<br>(B) だいたい 20 ドルです。<br>(C) 彼はあなたの履歴書を見ていたと思います。 |
|---|---|
| ◆正解（C）：ここの How much ~? はお金のことを尋ねているのではなく、「どれくらいの量」かを尋ねている。(A) 質問の答えとはならない。pay for ~「~の代金を払う」(B) 金額を答えており、この質問での how much に対する答えにはならない。(C) look over ~「~に目を通す、~を一読する」、resume「履歴書、経歴」 ||

**27.** Wasn't the musical exciting?「ミュージカルおもしろくなかったですか？」

| (A) Yes, I enjoyed it very much.<br>(B) No, they were in the theater.<br>(C) You can't be there. | (A) はい。とても楽しかったです。<br>(B) いいえ。それらは劇場にありました。<br>(C) あなたはそこには出向けません。 |
|---|---|
| ◆正解（A）：否定疑問文。(A) it は the musical のことを指す。(B) 複数形 they が何を指しているかが不明。また、場所を尋ねられているわけではない。(C) 事物のことを尋ねられているのに、答えとして不自然。 ||

**28.** Why don't we go to the new Italian restaurant on Saturday?「土曜日に、その新しいイタリアンレストランに行きませんか？」

| | |
|---|---|
| (A) Good idea!<br>(B) They're late again.<br>(C) It's on 7th Avenue. | (A) いいですね。<br>(B) 彼らは、また遅かったです。<br>(C) 7番街にあります。 |
| ◆正解（A）：Why don't we ~?「~しませんか」と話し相手への誘い言葉。(A) 誘いに対して乗り気であることを表す。(B) 主語のtheyは何（誰）を指しているかが不明。(C) 場所を尋ねられているわけではない。 | |

**29.** Where are you going to see Mrs. Parker?「どこでMrs. Parkerに会いますか？」

| | |
|---|---|
| (A) On Monday.<br>(B) We haven't decided yet.<br>(C) She was at the station. | (A) 月曜日です。<br>(B) まだ決めていません。<br>(C) 彼女は駅にいました。 |
| ◆正解（B）：疑問詞whereで場所を尋ねている。(A) 時を答えており、答えにはならない。(B) 尋ねられた質問に対して、「まだ決まっていない」と返答。正答。(C) 過去形で答えており、答えとして不自然。 | |

**30.** It's not easy to get a taxi here.「ここでタクシーをつかまえるのは簡単ではありません。」

| | |
|---|---|
| (A) Yes, you called a taxi.<br>(B) Let's go to the main street.<br>(C) You can pay five dollars. | (A) はい。あなたはタクシーを呼びました。<br>(B) 大通りに行きましょう。<br>(C) 5ドル払えますよ。 |
| ◆正解（B）：get a taxi「タクシーをつかまえる」(A) 応答として不自然。call a taxi「タクシーを呼ぶ」(B) Let's ~「~しましょう」と話し相手に提案をしている。応答として自然な流れ。(C) (A) 同様、応答として不自然。 | |

**31.** Do you think you can fix this fax machine?「このファックスを修理できると思いますか？」

| | |
|---|---|
| (A) Let me take a look.<br>(B) I hope he can come too.<br>(C) No, it's not fixed. | (A) ちょっと見せてください。<br>(B) 彼も来られるといいですね。<br>(C) いいえ、それは修理されていません。 |

◆**正解（A）**：「this fax machine を修理できると思いますか」と問いかけている。fix「修理する」(A)「（修理できるかどうかを）私に見せて」と提案。正解となる。Let me~「（命令文で）私に~させて」、take a look「見る、見てみる」(B)、(C) 共に答えとして不自然。

**32.** How long did you stay in Jakarta?「ジャカルタにどれくらい滞在したのですか？」

| | |
|---|---|
| (A) Three days only, this time.<br>(B) I didn't like it there.<br>(C) About two feet. | (A) 今回は3日だけです。<br>(B) 私はその場所を気に入りませんでした。<br>(C) 約2フィートです。 |

◆**正解（A）**：How long ~?「どれくらいの期間~」で、（滞在期間の）長さを尋ねている (B) 好き嫌いを尋ねられているわけではない。(C) 時間的な長さを尋ねる質問の答えとはならない。two feet「2フィート」、foot「1フィート（30.48センチメートル）」

**33.** Is your son a college student?「あなたの息子は大学生ですか？」

| | |
|---|---|
| (A) Yes, I am.<br>(B) Yes, he's in his second year.<br>(C) Yes, she's with me today. | (A) はい。私はそうです。<br>(B) はい。彼は2年生です。<br>(C) はい。今日彼女は私と一緒にいます。 |

◆**正解（B）**：話し相手の (your) son について尋ねている。(A) "I" で自分のことを答えるのは不自然。(B) in one's _th year「~年目である」(C) 息子のことを尋ねているのに she で答えるのはおかしい。

**34.** What do you usually order for a lunch meeting?「普段はランチミーティングで何を注文しますか？」

| | |
|---|---|
| (A) No, we don't like that. | (A) いいえ。私たちはそれを好きではありません。 |
| (B) It depends. | (B) その時によります。 |
| (C) That sounds nice. | (C) それはよさそうですね。 |
| ◆正解（B）：疑問詞 what で始まる質問。「何を」注文するかを、尋ねている。(A) No で答え始めるのは不自然。(B) It depends.「時と場合による」(C) What の質問文の答えにならない。That が何を指しているかが不明瞭。 | |

**35.** Have you been very busy lately?「最近はとても忙しいですか？」

| | |
|---|---|
| (A) I'm very sorry to hear that. | (A) そのことを聞いて残念に思います。 |
| (B) Yes, you will be. | (B) はい。あなたはそうなりますよ。 |
| (C) Do I look tired? | (C) 私は疲れて見えますか？ |
| ◆正解（C）：Have you ~? と現在完了形で、相手が最近忙しくしているかどうかを尋ねている。lately「最近、近頃」(A) 謝るのは答えとして不自然。(B) will（未来形）で相手の状態について説明するのは答えとして不適切。(C) look ~「~のように見える」 | |

**36.** Is there any place where we can use the Internet?「インターネットを使える場所はありますか？」

| | |
|---|---|
| (A) The cafe around the corner should be the one. | (A) その角を曲がった所のカフェなら使えると思います。 |
| (B) I'm sorry I don't have any. | (B) すみません。1つも持っていません。 |
| (C) No, she's not my neighbor. | (C) いいえ。彼女は私の隣人ではありません。 |
| ◆正解（A）：place where we can ~「（私たちが）~できる場所」(A) around the corner「角を曲がった所に」、the one は質問されている場所を指す。(B) 質問されている人が「（何かを）所有しているかどうかを尋ねられている」わけではないため答えとして不自然。(C) 代名詞 she は誰を指すかが不明。 | |

**37.** Would you like to have a copy of the data?「データのコピーをいりますか？」

| | |
|---|---|
| (A) Yes, this copier is excellent.<br>(B) No, I don't agree with the data.<br>(C) Thanks, I'll keep it just in case. | (A) はい。このコピー機は優れています。<br>(B) いいえ。そのデータには同意しません。<br>(C) ありがとう。念のため一部もらっておきます。 |

◆正解（C）：Would you like to ~?「～しませんか、～はいかがですか」、a copy of~「～のコピー」(A) copier「コピー機」のことについて尋ねられているわけではないので、答えとして不自然。(B) 尋ねられている人のdataについての意見を求められているわけではない。(C) just in case「万が一、念のため」

**38.** Did the manager give you any suggestions?「マネージャーは何か提案してくれましたか？」

| | |
|---|---|
| (A) I was surprised at him.<br>(B) She said that she would send me an e-mail soon.<br>(C) Thanks for your help. | (A) 彼に驚いてしまいました。<br>(B) 彼女はまもなくメールを送ると言ってくれました。<br>(C) 助けていただきありがとうございます。 |

◆正解（B）：suggestion「提案」、give ~ a suggestion「～に提案をする」(A) 答えとして不自然。(be) surprised at ~「～に驚く」(B) she は質問文の中の the manager を指す。(C) 会話の流れとして、感謝の言葉を述べるのは不自然。thanks for ~「～に感謝をする」

**39.** Who fixed the printer here?「ここのプリンター、誰が直してくれたのですか？」

| | |
|---|---|
| (A) I guess John did.<br>(B) It was out of order.<br>(C) Susan knew that, too. | (A) John だと思います。<br>(B) それは故障していました。<br>(C) Susan もそのことを知っていました。 |

◆正解（A）：fix「修理をする」、printer「プリンター、印刷機」(A) I guess ~「(私は) ～でないかと推測する、思う」(B) out of order「故障している」Who~？で始まる質問文に対しての答えにはならない。(C) that が何を指すかが不明。誰が修理をしたかの答えにはならない。

**40.** Will you be able to pick me up at the airport next Monday?「次の月曜日に空港へ迎えに来てくれますか？」

| (A) Larry will be back next Monday.<br>(B) I am afraid I won't.<br>(C) Yes, you will. | (A) ラリーは次の月曜日に帰ります。<br>(B) 残念ですがいけません。<br>(C) はい、あなたが行けるでしょう。 |
|---|---|
| ◆正解 **(B)**：Will you be able to ~?「~していただくことはできますか」は、丁寧にお願いごとをする表現　pick ~ up「（車で）~を迎えにいく」(A) 話題に出ていない Larry のことについて話しおり、答えとして不自然。(B) I am afraid ~「残念ながら~」と、お願いされたことに対して丁重に断りをいれている。(C) 質問の答えにならない。 ||

# Part3 トランスクリプト&解答・解説

## 41-43

| | |
|---|---|
| Questions 41 through 43 refer to the following conversation.<br><br>Woman: Transoceanic Bell.　May I help you?<br>Man: Yes, I'd like to disconnect my phone, please.　I'm moving to Canterburry for a new job there.<br>Woman: All right.　May I have your phone number, please?　Also, when would you like to disconnect the phone?<br>Man: My number is 499-209-1325.　I'd like it to be disconnected Sunday by 6:00 AM. | 問題 41-43 は次の会話に関するものです。<br><br>女性：Transoceanic Bell です。ご用件を承りますが。<br>男性：電話の回線利用を停止したいのですが。仕事が変わるため、Canterburry に引越しをします。<br>女性：かしこまりました。お電話番号をおっしゃっていただけますか。また、いつ回線利用を停止されますか。<br>男性：電話番号は 499-209-1325 です。日曜日の 6:00AM までに、利用の停止をお願いします。 |
| disconnect「（電話を）切る」、move to ~「~に引越しをする」、by ~「~までに」 ||
| 41. Where does the woman work?<br>　(A) At a telephone company<br>　(B) At a travel agency<br>　(C) At a bank<br>　(D) At a temporary agency | 女性はどこで働いていますか。<br>　(A) 電話会社<br>　(B) 旅行代理店<br>　(C) 銀行<br>　(D) 人材派遣会社 |
| ◆正解 (A)：女性が社名を名乗り、電話の受付をしている。電話をかけた男性が "I'd like to disconnect my phone, please." と依頼をしていることから、女性が電話会社の社員であることがわかる。 ||
| 42. What does the woman ask the man?<br>　(A) What new job the man has<br>　(B) Where the man is moving<br>　(C) When the man wants to disconnect his phone<br>　(D) What new number the man wants | 女性は男性に何を尋ねていますか。<br>　(A) 男性の新しい仕事は何か<br>　(B) 男性の引越し先はどこか<br>　(C) 男性はいつ電話回線を停止したいか<br>　(D) 男性はどんな新番号が欲しいか |
| ◆正解 (C)：上の会話文 7-8 行目に女性が "when would you like to disconnect the phone?" と「いつ、回線の利用停止をしたいか」を尋ねている。 ||

| 43. When does the man want to stop the service?<br>(A) Saturday morning<br>(B) Saturday evening<br>(C) Sunday morning<br>(D) Sunday evening | 男性はいつサービスを停止したいですか。<br>(A) 土曜日の午前<br>(B) 土曜日の夕方<br>(C) 日曜日の午前<br>(D) 日曜日の夕方 |
|---|---|

◆**正解（C）**：男性が"Sunday by 6:00 AM"と答えていることから、「日曜日の午前6時まで」で（C）が正答となることがわかる。

## 44-46

| Questions 44 through 46 refer to the following conversation.<br><br>Man: Is that true that you went to the new Chinese restaurant on State Street? How did you like the food?<br>Woman: It was very good — excellent food, nice setting and reasonable prices. But there was only one thing that I didn't like — the service was a bit too slow.<br>Man: I see. I will see an important client over lunch tomorrow, and I'm looking for some nice place to eat. I don't think I can afford much time. Where do you think I should take my client?<br>Woman: In that case, I recommend the one on Walter Street.<br>It's also a Chinese restaurant. First-rate food, but inexpensive, plus, the service is fast! | 問題44-46は次の会話に関するものです。<br><br>男性：State Streetの新しい中華料理店に行った、て本当かい。料理はどうだった？<br><br>女性：とてもよかったわよ。すごく美味しい料理で、場所も良くて、値段も手頃だったし。でも、1つだけ気に入らないことがあったの。対応がとても遅かったのよ。<br><br>男性：なるほど。明日のランチで大切なお客さんに会うのだけど、食事をするのによい場所を探しているんだ。時間がそんなにないと思うんだよね。お客さんをどこに連れて行けばいいと思う？<br><br>女性：それだったら、Walter Streetのレストランがお薦めだわ。そこも中華料理店で、料理は一流だけど、値段は高くはないの。その上、対応が早いのよ。 |
|---|---|

setting「（場所の）環境、背景、雰囲気」、reasonable「（値段が）手頃な、あまり高くない」、see a client over lunch「昼食をしながら取引先の客に会う」、afford「（時間的、金銭的な）余裕がある」、recommend「～を薦める」

| | |
|---|---|
| 44. What does the man want to know about?<br>(A) A client<br>(B) A street name<br>(C) The price of food<br>(D) A restaurant | 男性は何について知ろうとしていますか。<br><br>(A) 取引先<br>(B) 通りの名前<br>(C) 料理の価格<br>(D) レストラン |

◆正解（D）：男性が最初に、レストランについて女性に質問をしている。(D) A restaurant について知りたいことがわかる。

| | |
|---|---|
| 45. What is the man going to do tomorrow?<br>(A) Take the woman to a restaurant<br>(B) Have lunch with a client<br>(C) Look for some place to eat<br>(D) Take a day off | 男性は明日何をしますか。<br><br>(A) 女性をレストランに連れて行く<br>(B) 取引先と昼食をとる<br>(C) 食べる場所を探す<br>(D) 休みをとる |

◆正解（B）：9-10行目に男性が "I will see an important client over lunch tomorrow," と説明をしている。

| | |
|---|---|
| 46. What does the woman do in the end?<br>(A) Ask the man to call the restaurant<br>(B) Take the man to a restaurant<br>(C) Recommend a different place to the man<br>(D) Complain about the restaurant on Walter Street | 最終的に女性は何をしますか。<br><br>(A) 男性にレストランに電話をしてもらうよう頼む<br>(B) 男性をレストランに連れて行く<br>(C) 男性に他の場所を勧める<br><br>(D) Walter Street のレストランの苦情を言う |

◆正解（C）：女性が最後に "In that case, I recommend the one on Walter Street." と別のレストランを薦めている。

## 47-49

| | |
|---|---|
| Questions 47 through 49 refer to the following conversation.<br><br>Woman: Excuse me, sir, are these two seats taken?<br>Man: No, you can take them. In fact, if you come to this side, there are more seats available.<br>Woman: That's wonderful. My husband and my two sons are coming here very soon, and I was afraid we would have to sit separately. I'm so grateful that we can sit together to watch the movie.<br>Man: Certainly. Have all these seats. | 問題47-49は次の会話に関するものです。<br><br>女性：すみません。この2つの席には誰かいますか。<br>男性：いいえ。どうぞお座りください。むしろ、こちら側に来られたらもっと席がありますよ。<br>女性：それはいいですね。もうすぐ主人と2人の息子がこちらに来るのですが、別々に座らなければいけないのではと心配していたのです。一緒に座って映画を見ることができて嬉しいです。<br>男性：おっしゃる通りですね。こちら側の席をすべてどうぞ。 |
| (be) taken「（席などが）埋まっている、人がすでに座っている」、available「使用できる、空いている」、(be) afraid if ~「~ではないかと心配している」、sit separately「別々に座る」、grateful「ありがたく思う」 ||
| 47. Where are the woman and the man talking?<br>  (A) At a hotel<br>  (B) At an office<br>  (C) At a restaurant<br>  (D) At a theater | 女性と男性はどこで話をしていますか。<br>  (A) ホテル<br>  (B) 事務所<br>  (C) レストラン<br>  (D) 映画館 |
| ◆正解 (D)：疑問詞Whereで場所を尋ねる質問。女性が男性に、座席が空いているかどうかを尋ね、その後10-12行目に女性が "I'm so grateful that we can sit together to watch the movie." と話していることから、場所が映画館だとわかる。 ||
| 48. What does the man tell the woman?<br>  (A) She can not take the seats.<br>  (B) He can not move.<br>  (C) She can find more vacant seats on the opposite side.<br>  (D) He can give her free seats. | 男性は女性に何を伝えますか。<br>  (A) 女性は席に座ることができない<br>  (B) 男性は動くことができない<br>  (C) 女性は反対側により多くの空席を見つけられる<br>  (D) 男性は女性に無料の席をゆずることができる |
| ◆正解 (C)：男性が4-5行目に ".. if you come to this side, there are more seats available." と女性に話している。男性の話の中の this side「こちら側」は、(C) の on the opposite side「反対側」のこと。 ||

| 49. How many people are going to join the woman?<br>(A) One<br>(B) Two<br>(C) Three<br>(D) Four | 9. 何人の人が女性に合流しますか。<br>(A) 1人<br>(B) 2人<br>(C) 3人<br>(D) 4人 |

◆**正解（C）**：女性が 6-8 行目に "My husband and my two sons are coming here very soon," と男性に話をしている。「旦那と２人の息子」で (C) Three が正答。

## 50-52

| Questions 50 through 52 refer to the following conversation.<br><br>Man: Hello.  Is that Dismo Tech?  This is Samuel Freeman.  Could I speak to Rick Smithson, please?<br>Woman: I'm sorry, Mr. Smithson is in a meeting right now.  Would you like to leave a message?  I'll tell him to call you back later.<br>Man: Well, do you know when the meeting will be over?  It's a personal matter, so I think I should try to call back again.<br>Woman: I guess it shouldn't take that long.  Maybe you should try in half an hour, and I'll tell him that you called as soon as the meeting is over. | 問題 50-52 は次の会話に関するものです。<br><br>男性：もしもし。Dismo Tech ですか。Samuel Freeman と申します。Rick Smithson はいらっしゃいますか。<br>女性：申し訳ありません。Mr. Smithson はただ今会議中でございます。 ご伝言はございますか。後ほどかけ直すように伝えます。<br>男性：会議はいつ終わるかわかりますか。私用なので、またかけ直します。<br><br>女性：そんなに長引かないと思います。約 30 分後におかけください。会議が終わったらすぐに Mr. Freeman から電話があったことを伝えます。 |

Could I speak to ～「（電話で）～さんいらっしゃいますか？」、tell（人）to ～「（人）に～するよう伝える」、call ～ back「～に折り返しの電話をする」、(be) over「終わる」、a personal matter「私用、個人的なこと」、take long「長い時間がかかる」、as soon as ～「～するとすぐに」

| 50. What is Rick Smithson doing now?<br>(A) He is going out to lunch.<br>(B) He is talking on another call.<br>(C) He is having a meeting.<br>(D) He is working on a personal matter. | Rick Smithson は今何をしていますか。<br>(A) 昼食に出ている<br>(B) 別の電話に出ている<br>(C) 会議中である<br>(D) 私用を片付けている |

◆**正解（C）**:「Rick Smithson さんはいらっしゃいますか?」と尋ねてきた男性に、4-5行目で女性が "Mr. Smithson is in a meeting right now." と答えている。work on ~「~に取り組む」

| 51. Why does the man tell the woman that he will call back again?<br>(A) Because he does not like the woman.<br>(B) Because he is paying a personal call.<br>(C) Because he knows that the meeting is over soon.<br>(D) Because he does not want to leave a message. | なぜ男性は、自分からかけ直すと女性に伝えますか。<br>(A) 女性が好きではないから<br>(B) 私用の電話をしているから<br>(C) 会議がすぐ終わることを知っているから<br>(D) 伝言を残したくないから |
|---|---|

◆**正解（B）**: 男性が 9-11 行目に "It's a personal matter, so I think should try back again." と説明している。pay a personal call「私用の電話をする」

| 52. What does the woman tell the man to do?<br>(A) To call back in 30 minutes<br>(B) To come to the office in an hour<br>(C) To leave Rick Smithson a message<br>(D) To be in a meeting | 女性は男性に何を伝えますか。<br>(A) 30分後にかけ直してほしい<br>(B) 1時間後に事務所に来てほしい<br>(C) Rick Smithson に伝言を残してほしい<br>(D) 会議に出てほしい |
|---|---|

◆**正解（A）**: 13行目から14行目にかけて、女性が "Maybe you could try in half an hour, …" と男性に伝えている。この try は「電話をかける」の意味を表す。in half an hour「30分後に」

## 53-55

| | |
|---|---|
| Questions 53 through 55 refer to the following conversation. | 問題 53-55 は次の会話に関するものです。 |
| Man: Clara, would you do me a favor? I have my first-time presentation at the next meeting, and I'm totally at a loss. Could you help me go over this data?<br>Woman: You're doing the analysis on Alfa State company? Look. I just made these charts on the similar financial data last week. Do you think you can use them as a reference?<br>Man: Oh, thank you! They're great. May I keep them until the meeting is over next Friday?<br>Woman: Sure. I know how it feels to have a first-time presentation. Let me know if there is anything I can do. | 男性：Clara、ちょっとお願いをしてもいいかな。次の会議で、初めてプレゼンテーションを行なうのだけど、本当にどうしていいかわからなくて。このデータを見直すのを手伝ってもらえないかな。<br>女性：Alfa State 社の分析をしているのよね。そういえば、先週ちょうど似たような財務データについてこのようなチャートを作ってみたの。参考資料に使えないかしら。<br>男性：これはありがたい。すばらしいよ。来週金曜日の会議が終わるまで資料を預からせてもらってもいいかな。<br>女性：もちろん。初めてプレゼンテーションを行なう時の気持ちはよくわかるわ。また私にできることがあったら言ってね。 |

do 〜 a favor「〜に手を貸す、〜のお願いを聞いてあげる」、(be) at a loss「困っている、途方に暮れている」、go over 〜「〜を見直す、調べる」、analysis「分析」、similar「よく似た、同じような」、financial「財務の、財政の」、as a reference「参考資料として」、(be) over「終わる」

| | |
|---|---|
| 53. What does the man feel at the beginning?<br>　(A) He is excited.<br>　(B) He wants to help the woman.<br>　(C) He is happy to show the charts.<br>　(D) He does not know what to do. | 初め、男性はどのように思っていますか。<br>　(A) わくわくしている<br>　(B) 女性を助けたいと思っている<br>　(C) チャートを見せるのがうれしい<br>　(D) どうしていいかわからない |

◆正解 (D)：3-4 行目で男性が "… and I'm totally at a loss."「どうしていいか全くわからない」と話をしている。

| | |
|---|---|
| 54. What does the man ask the woman to do?<br>　(A) Have a presentation together<br>　(B) Examine the data together<br>　(C) Look at the charts together<br>　(D) Organize the data together | 男性は女性に何をお願いしますか。<br>　(A) 一緒にプレゼンテーション行なう<br>　(B) 一緒にデータを調べる<br>　(C) 一緒にチャートを見る<br>　(D) 一緒にデータを構成する |

◆正解（B）： 4-5行目で男性が "Could you help me go over this data?" と女性にお願いをしている。examine「調べる、研究する」、organize「構成する」

| 55. When is the meeting going to be held?<br>(A) On Tuesday<br>(B) On Wednesday<br>(C) On Thursday<br>(D) On Friday | 会議はいつ行なわれますか。<br>(A) 火曜日<br>(B) 水曜日<br>(C) 木曜日<br>(D) 金曜日 |
|---|---|

◆正解（D）： "a reference"「参考資料」となるものを差し出してくれた女性に、13-14行目に男性は "May I keep them until the meeting is over next Friday?" と尋ねている。会議が next Friday であることがわかる。

## 56-58

| Questions 56 through 58 refer to the following conversation.<br><br>Man: Do you think that we will have a chance of getting a raise this year?<br>Woman: I don't think so.　The company has been in financial difficulty for a long time.　In fact, the company keeps losing money! How do you think they can afford to give us a raise.<br>Man: Can you believe that we haven't got a raise for ten years?<br>Woman: I know...　If you really want to be well-paid, you'd better look for another job. | 問題 56-58 は次の会話に関するものです。<br><br>男性：今年、給料が上がる見込みはあると思うかい。<br>女性：思わないわ。会社はずっと財政難にあるのだから。それどころか、会社は赤字のままよ。どこに私たちの昇給のためのお金があるのかしら。<br><br>男性：10年間も昇給がないなんて信じられるかい。<br>女性：そうね。本当に給料の良い仕事がいいのならば、転職した方がいいかもしれないわね。 |
|---|---|

have a chance of ~「~の見込みがある」、get a raise「昇給する、給料が上がる」、(be) in financial difficulty「経営難にある、経営不振に陥っている」、keep ~ing「~し続ける」、afford to ~「~する余裕がある」、give~a raise「(~の) の給料をあげる」、well-paid「給料のよい」、you'd better ~「(you had better ~ の省略形。) したほうがよい」

| 56. What are the speakers mainly discussing?<br>(A) Stocks<br>(B) Labor hours<br>(C) Wage and salary<br>(D) New jobs | 2人は主に何について話をしていますか。<br>(A) 株<br>(B) 労働時間<br>(C) 賃金<br>(D) 新しい仕事 |
|---|---|
| ◆正解 (C)：男性の最初の発話で the chances of getting a raise「昇給する見込み」について、女性に質問をしている。raise「上げること」は、ここでは「(賃金を) 上げること」を指す。discuss「～について話をする」 |||
| 57. What kind of business conditions does the company have?<br>(A) Promising<br>(B) Severe<br>(C) Recovering<br>(D) Advancing | 会社の経営状況はどのようなものですか。<br>(A) 有望である<br>(B) 深刻である<br>(C) 回復している<br>(D) 発展している |
| ◆正解 (B)：business conditions は「(会社) の経営状況」の意味。3-5行目で女性が "The company has been in financial difficulty for a long time." と話をしていることから、長年、(B) の severe「深刻」な状態にあることがわかる。 |||
| 58. What does the woman suggest the man do?<br>(A) Find a different job<br>(B) Talk to the president<br>(C) Borrow money<br>(D) Buy bonds | 女性は男性にどのような提案をしますか。<br>(A) 違う仕事を探す<br>(B) 社長に話をする<br>(C) 借金をする<br>(D) 債権を買う |
| ◆正解 (A)：suggest「提案する」 最後に女性が男性に "If you really want to be well-paid, you'd better look for another job." と話をしていることから、(A) だとわかる。 |||

## 59-61

| | |
|---|---|
| Questions 59 through 61 refer to the following conversation.<br><br>Woman: So, how did your job interview go?<br>Man: No, I haven't had the interview yet.  It's the day after tomorrow. I've been very very tense for the past few days.  I've got no appetite.<br>Woman: Oh, don't worry!  You'll do fine.  You know that they want someone who has the experience and can work well with people. Who can be more easy-going and personable than you are?<br>Man: Thank you so much.  I'll do my best. | 問題 59-61 は次の会話に関するものです。<br><br>女性：ねえ、就職の面接はどうだったの。<br><br>男性：まだ受けていないんだ。明後日にあるんだ。この何日かものすごく緊張していてね。食欲も全然ないんだ。<br><br>女性：心配しないで。うまくいくわよ。会社は、経験があって、他の人ともきちんと付き合っていける人を探しているのよ。あなた以上に気楽で人に好かれる人物がどこにいるのかしら。<br><br>男性：ありがとう。ベストをつくすよ。 |

job interview「就職の面接試験」、day after tomorrow「明後日」、tense「緊張している、気が張っている」、for the past few days「(過去の) 数日間」、I've got ~「= I have ~」、appetite「食欲」、do fine「うまく行なう」、experience「経験」、work well with ~「~と上手く付き合える」、easy-going「気楽な」、personable「人に好かれる」

| | |
|---|---|
| 59. When is the man's interview?<br>　(A) Tomorrow<br>　(B) In two days<br>　(C) In three days<br>　(D) In four days | 男性の面接試験はいつですか。<br>　(A) 明日<br>　(B) 2 日後<br>　(C) 3 日後<br>　(D) 4 日後 |

◆正解 **(B)**：面接試験について質問を受けた男性が 4 行目に "It's the day after tomorrow." と話をしていることから、試験は 2 日後にあることがわかる。

| | |
|---|---|
| 60. How is the man feeling?<br>　(A) Relaxed<br>　(B) Excited<br>　(C) Nervous<br>　(D) Unhappy | 男性はどう思っていますか。<br>　(A) リラックスしている<br>　(B) わくわくしている<br>　(C) 緊張している<br>　(D) 浮かない気分である |

◆正解 **(C)**：男性が "I've been very very tense …" とこの何日間かの状態を説明している。(C) Nervous「緊張している」は、文中の tense の代わりとなる語。

| 61. According to the woman, what kind of person is the man?<br>(A) Independent<br>(B) Friendly<br>(C) Impatient<br>(D) Stubborn | 女性の話によれば、男性はどのような人物ですか。<br>(A) 自立している<br>(B) 親しみのある<br>(C) せっかちである<br>(D) 頑固である |
|---|---|

◆正解（B）：11-12行目にかけて、女性が "Who can be more easy-going and personable than you are?"「（あなた以上に）気楽で人に好かれる人物に誰がなれるの」と質問している。(B) の Friendly が適当。

## 62-64

| Questions 62 through 64 refer to the following conversation.<br><br>Man: Hello, I had dinner at your restaurant last night and I can't find my mobile phone now. Did you find one last night?<br>Woman: Let me check, sir. Did you say you lost it last night? Is your mobile phone black?<br>Man: Yes, it is mainly black, but it has some white parts too.<br>Woman: I think we have it. One of our waiters found a mobile phone while clearing a table off. It is here whenever you have the time to pick it up. | 問題62-64は次の会話に関するものです。<br><br>男性：もしもし、昨晩、そちらのレストランに行った者ですが、携帯電話が見つからないのです。昨晩、落し物がありましたか。<br>女性：少々お待ちくださいませ。昨晩失くされたとおっしゃいましたか。お客様の携帯電話は黒色ですか。<br>男性：はい、そうです。だいたいの部分は黒色ですが、少し白い所があります。<br>女性：それでしたら、これがお客様のものだと思います。ウェイターの１人がテーブルを片付けている時に見つけたようです。いつでも取りに来てください。 |
|---|---|
| mobile phone「携帯電話」、mainly「大部分は」、white parts「白色の部分」、clear a table off「テーブルを片付ける」、while 〜ing「〜している時に」、whenever 〜「〜するときはいつでも」、pick up「引き取る」 ||
| 62. Where is the woman now?<br>(A) In a post office<br>(B) In a police station<br>(C) In a restaurant<br>(D) In a lost and found | 女性は今どこにいますか。<br>(A) 郵便局<br>(B) 警察署<br>(C) レストラン<br>(D) 落し物預かり所 |

◆正解（C）：男性が最初に "I had dinner at your restaurant last night …" と電話で話をしており、そのことに対して女性が "Let me check, sir." と答えている。女性がレストランの従業員であることがわかる。

| 63. What color is the man's mobile phone?<br>(A) Black and silver<br>(B) Completely black<br>(C) Black and white<br>(D) Completely white | 男性の携帯電話の色は何ですか。<br>(A) 黒とシルバー<br>(B) 黒色のみ<br>(C) 黒と白<br>(D) 白色のみ |
|---|---|
| ◆正解（C）：女性が6-7行目に「携帯電話は黒色ですか。」と質問したことに、すぐその後に男性が"Yes, it is mainly black, but it has some white parts too."と答えている。黒色と白色の部分があることから、(C) Black and white が正解。 ||
| 64. What will the man probably do soon?<br>(A) Clear the table<br>(B) Go to the restaurant again<br>(C) Call the restaurant<br>(D) Talk to the waiter | 男性はまもなく何をすると思われますか。<br>(A) テーブルを片付ける<br>(B) 再びレストランを訪ねる<br>(C) レストランに電話をかける<br>(D) ウェイターに話しかける |
| ◆正解（B）：男性の携帯電話がレストランにあるとがわかり、最後に女性が"It is here whenever you have the time to pick it up."と男性に伝えていることから、男性が近いうちにレストランに携帯電話を取りにいくことが推測できる。 ||

## 65-67

| Questions 65 through 67 refer to the following conversation.<br><br>Man: So, I've got the menu for the send-off party for Mr. Khan next Sunday.  Please take a look.<br>Woman: Let's see…  It looks great, but did you forget that he doesn't eat pork?<br>Man: Oh, that's right.  It just slipped my mind.  Maybe I'll cook chicken instead.<br>Woman: Yes, that sounds fine.  I remember he ordered chicken when we went to a restaurant together last month. | 問題65-67は次の会話に関するものです。<br><br>男性：ところで、次の日曜日のMr. Khanの送別会のためのメニューができたのだけど、ちょっと見てくれるかい。<br>女性：なるほど…　よさそうね。でも、彼って豚肉を食べないことを、忘れているのではないかしら。<br>男性：あっ、そうだった。うっかりしていたよ。だったら、代わりに鶏肉を料理しようかな。<br>女性：それだったらよさそうね。先月、一緒にレストランに食事に行った時、彼は鶏料理を注文していたわ。 |
|---|---|

I've got ~「"I have ~"の口語的な表現」、send-off party「送別会」、take a look「見る、一覧する」、forget「忘れる」、pork「豚肉」、slip one's mind「うっかり忘れる」、instead「代わりに」

| | |
|---|---|
| 65. What is being discussed?<br>　(A) The place for the party<br>　(B) The food to prepare for the party<br>　(C) How to cook pork<br>　(D) What gift to give | 何について話し合われていますか。<br>　(A) パーティの場所<br>　(B) パーティで準備する料理<br>　(C) 肉の料理の仕方<br>　(D) 渡すプレゼント |
| ◆正解（B）：冒頭の文で男性が"I've got the menu for the send-off party …"と、メニューの話を切り出している。(be) discussed「話し合われる」 | |
| 66. What does the woman remind the man of?<br>　(A) Mr. Khan does not want to go to the restaurant.<br>　(B) Mr. Khan forgot about the party.<br>　(C) Mr. Khan does not eat pork.<br>　(D) Mr. Khan is busy. | 女性は男性に何を思い出してもらいましたか。<br>　(A) Mr. Khan はレストランには行きたくない<br>　(B) Mr. Khan はパーティのことを忘れている<br>　(C) Mr. Khan は豚肉を食べない<br>　(D) Mr. Khan は忙しい |
| ◆正解（C）：女性が5-6行目に"…did you forget that he doesn't eat pork?"と質問をして、男性が忘れていると思われることについて話している。 | |
| 67. When will the party be held?<br>　(A) Next Saturday<br>　(B) Next Sunday<br>　(C) Next month<br>　(D) Not yet decided | パーティはいつ開かれますか。<br>　(A) 次の土曜日<br>　(B) 次の日曜日<br>　(C) 来月<br>　(D) 未定である |
| ◆正解（B）：男性の最初の話の中で、next Sunday とパーティの時期について触れている。 | |

## 68-70

| | |
|---|---|
| Questions 68 through 70 refer to the following conversation.<br><br>Woman: I'm sorry I'm late.<br>Man: What happened?　Did you have car trouble?<br>Woman: No, I didn't.　I left my car keys in the car the day before yesterday.　I realized it just this morning,　but had no time to look for my spare keys.　So I simply took a taxi.<br>Man: I'm sorry to hear that. Why didn't you call me?　I could have picked you up. | 問題 68-70 は次の会話に関するものです。<br><br>女性：遅くなってごめんなさい。<br>男性：どうしたんだい。何か車のトラブルがあったのかい。<br>女性：いいえ、そうではないの。一昨日、車のキーを中に置き忘れてしまってね。今朝そのことを思い出したのだけど、スペアのキーを探す時間がなくて。だから、タクシーに乗ってきたの。<br>男性：それは、気の毒だったね。どうして電話をしてくれなかったんだい。迎えに行ってあげたのに。 |

car trouble「車のトラブル」、leave a car key in the car「車の鍵を車内に置き忘れる」、the day before「一昨日」、realize「気がつく、自覚する」、have no time to ~「~する時間がない」、spare key「スペアキー、合鍵」、take a taxi「タクシーに乗る」、I could have ~「~できたかもしれない」、pick ~ up「車で迎えに行く、途中で乗せる」

| | |
|---|---|
| 68. How did the woman go to meet the man?<br>　(A) By bus<br>　(B) By car<br>　(C) By taxi<br>　(D) On foot | 女性はどうやって、男性に会いに来ましたか。<br>　(A) バスで<br>　(B) 自分の車で<br>　(C) タクシーで<br>　(D) 徒歩で |

◆正解 (C)：女性が遅刻をしてしまった理由について、4 行目から説明している。car trouble があったために自分の車では来ることができず、8-9 行目に "So I simply took a taxi." と話をしている。

| | |
|---|---|
| 69. Where are the woman's keys now?<br>　(A) In her house<br>　(B) In her car<br>　(C) At the man's place<br>　(D) In the taxi | 女性の車のキーは、今どこにありますか。<br>　(A) 自宅<br>　(B) 自分の車の中<br>　(C) 男性の所<br>　(D) タクシーの中 |

◆正解 (B)：4 行目より "一昨日車の鍵を車内に置き忘れて"、7-8 行目で " … had no time to look for my spare keys" と説明している。key はまだ女性の車の中にあることがわかる。

| 70. When did the woman lock the keys in the car?<br>(A) This morning<br>(B) Yesterday<br>(C) The day before yesterday<br>(D) Last week | 女性が車内にキーを残したまま鍵を閉めてしまったのはいつですか。<br>(A) 今朝<br>(B) 昨日<br>(C) 一昨日<br>(D) 先週 |
|---|---|

◆正解(**C**)：女性は4-6行目に"I left my car keys in the car the day before yesterday."と話している。

## Part4 トランスクリプト&解答・解説

### 71-73

| Questions 71 through 73 refer to the following telephone message.<br><br>Thank you for your call. You have reached Rachel Gordon at the Gordon Law Firm. Please listen to this entire message. Due to a lawsuit overseas, I will be out of the office from Thursday, November 2nd and will be back on Monday, November 6th. Please leave your name, telephone number and a brief message. I will return your call on Monday. I sincerely apologize for any inconvenience that this may cause you. | 問題 71-73 は次の留守番電話メッセージに関するものです。<br><br>お電話ありがとうございます。Gordon 弁護士事務所の Rachel Gordon です。以下のメッセージをすべてお聞きください。海外の訴訟案件のため、11月2日の木曜日から不在となり、11月6日の月曜日に帰ります。お名前、電話番号、簡単なメッセージを録音してください。月曜日に折り返しの電話をさせていただきます。ご迷惑おかけして、申し訳ございません。 |
|---|---|

You have reached ~「(留守番電話で) こちらは~です。」、law firm「弁護士事務所」、entire「全体の、すべての」、due to ~「~のために」、lawsuit「訴訟 (事件)」、overseas「海外の (で)」、leave ~「~を (メッセージとして) 残す」、return one's call「~に折り返し電話をする」、I sincerely apologize for ~「~でご迷惑をおかけして申し訳ございません」

| 71. Who is the speaker?<br>  (A) A construction worker<br>  (B) A lawyer<br>  (C) A banker<br>  (D) A university student | 話し手は誰ですか。<br>  (A) 建設作業員<br>  (B) 弁護士<br>  (C) 銀行員<br>  (D) 大学生 |
|---|---|

◆**正解 (B)**：冒頭に "You have reached Rachel Gordon at the Gordon Law Firm." と名乗っている。また、その後に "Due to lawsuit overseas, …「海外の訴訟案件のために」" と話していることからも、話者は (B) A lawyer であることがわかる。

| 72. When will the speaker return?<br>  (A) On Thursday<br>  (B) On Saturday<br>  (C) On Sunday<br>  (D) On Monday | 話し手はいつ戻りますか。<br>  (A) 木曜日<br>  (B) 土曜日<br>  (C) 日曜日<br>  (D) 月曜日 |
|---|---|

◆**正解 (D)**：メッセージ 6-7 行目に "…will be back on Monday, November 6." とある。「月曜日」に戻ってくる。

| 73. What does the speaker want the caller to leave on the answering machine?<br>(A) E-mail address<br>(B) Address<br>(C) Office name<br>(D) Message | 話し手は留守番電話に何を録音して欲しいのですか。<br>(A) 電子メールアドレス<br>(B) 住所<br>(C) 事務所の名前<br>(D) メッセージ |
|---|---|

◆正解（D）：メッセージの後半で、"Please leave your name, telephone number and a brief message." とお願いをしている。選択肢の中で当てはまるものは、(D) Message。caller「電話をかけている人」

## 74-76

| Questions 74 through 76 refer to the following announcement.<br><br>Good morning ladies and gentlemen and welcome aboard. May I have your attention please? I would like to tell you about our dining car, which is car 7. The dining car offers a variety of dishes. Today's lunch special will be beef stew with steamed vegetables. We also offer special dishes using locally-produced ingredients. The dining car seats up to 60 passengers. If you would like to enjoy a delicious lunch meal, please make your reservation for the dining car. We are looking forward to serving you. | 問題 74-76 は次のアナウンスに関するものです。<br><br>皆様おはようございます。皆様のご乗車を歓迎いたします。ご乗客の皆様へご案内申し上げます。この列車の 7 号車に食堂車がございます。食堂車には様々なメニューをご用意いたしております。今日の特別ランチは温野菜付きのビーフシチューでございます。このほか地元産の食材を使ったメニューもご用意いたしております。食堂車は全席 60 席です。美味しい昼食を楽しまれたいお客様は、あらかじめご予約をお願いします。皆様のお越しをお待ちしております。 |
|---|---|

aboard「(乗り物に) 乗って」、Welcome aboard.「ご乗車ありがとうございます。」、dining car「(列車の) 食堂車」、offer「提供する、用意する」、a variety of dishes「様々な料理、メニュー」、stew「シチュー」、steamed「蒸した」、dishes using ~「~を使った料理」、locally-produced「地元産の」、ingredient「材料」、seat「(人に) 座ってもらう」、up to ~「~まで」、passenger「乗客」、make one's reservation「(~の) 予約を入れる」、serve「食事を出す」

| 74. Where is this announcement most likely being made?<br>(A) In a bus<br>(B) In a train<br>(C) In an airplane<br>(D) In a boat | このアナウンスはどこで放送されていると考えられますか。<br>(A) バスの中<br>(B) 列車の中<br>(C) 飛行機の中<br>(D) 船の中 |
|---|---|
| ◆正解 **(B)**：3-5 行目に "I would like to tell you about our dining car, which is car 7." とある。単独で dining car「食堂車」があるのは、(A) 〜 (D) の中では (B) の In a train となる。 ||
| 75. How many people can the dining car hold?<br>(A) 30 people<br>(B) 45 people<br>(C) 60 people<br>(D) 70 people | 食堂車は何人の人が入れますか。<br>(A) 30 人<br>(B) 45 人<br>(C) 60 人<br>(D) 70 人 |
| ◆正解 **(C)**：9-10 行目に "The dining car seats up to 60 passengers." と説明されている。食堂車には 60 席あることがわかる。(C) 60 people が答となる。hold「(場所に) 〜だけの人を入れることができる」 ||
| 76. What part of the day is it most likely to be?<br>(A) Morning<br>(B) Afternoon<br>(C) Evening<br>(D) At night | 1 日のどの時間帯ですか。<br>(A) 午前<br>(B) 午後<br>(C) 夕方<br>(D) 夜 |
| ◆正解 **(A)**：アナウンス 6-7 行目に "Today's lunch special will be …" と昼食の説明が行なわれている。今の時間帯が午前の (A) Morning であることがわかる。 ||

## 77-79

| | |
|---|---|
| Questions 77 through 79 refer to the following announcement.<br><br>Your attention please.　Thank you for taking the New Broadrun Railway Express.　We are sorry to inform you that there will be a slight delay for those of you connecting to Train 428 from Gatestone.　Train 428, which was originally scheduled to arrive at 7:30 pm, will arrive 15 minutes late due to mechanical problems at Hattonford Station.　Because of this delay, 428 will arrive at track No. 5, not No. 2. Please check the train information on the arrival board.　Please accept our apologies for the inconvenience. | 問題 77-79 は次のアナウンスに関するものです。<br><br>ご案内申し上げます。New Broadrun Railway エキスプレスをご利用くださいましてありがとうございます。大変申し訳ございませんが、Gatestone 駅より 428 号列車にお乗り継ぎのお客様に、列車の到着時刻が遅れますことをお知らせいたします。428 号列車は、当初 7:30 到着を予定しておりましたが、Hattonford 駅での機械の故障のため 15 分遅れます。この遅れのため、428 号列車は 5 番線に到着します。2 番線には到着しません。到着案内板の列車情報をご確認ください。ご迷惑をおかけして申し訳ございません。 |

We are sorry to inform you that ~「申し訳ございませんが、~」、slight delay「少しの遅延」、those of you connecting to ~「~に乗り継ぎをする皆さま」、originally「本来は、もともとは」、(be) scheduled to ~「~する予定になっている」、arrive ~ minutes late「~分遅れて到着する」、due to ~「~が原因で」、mechanical problems「機械の故障」、because of ~「~の理由で」、track「(鉄道) 路線」、arrival board「到着 (についての) 掲示板」、accept apology for ~「~のお詫びを受け入れて許す」

| | |
|---|---|
| 77. Where is this announcement most likely being made?<br>　(A) At a bus stop<br>　(B) At an airport<br>　(C) At a train station<br>　(D) At a taxi stand | このアナウンスはどこで放送されていますか。<br>　(A) バス停<br>　(B) 空港<br>　(C) 列車の駅<br>　(D) タクシー乗り場 |

◆正解 (C)：アナウンス文の中に、Railway「鉄道」、Train「列車」の言葉があることから (C) At a train station が場所となることがわかる。

| | |
|---|---|
| 78. How long will the train be delayed for?<br>　(A) 15 minutes<br>　(B) 25 minutes<br>　(C) 30 minutes<br>　(D) 50 minutes | 列車の到着はどのくらい遅れますか。<br>　(A) 15 分<br>　(B) 25 分<br>　(C) 30 分<br>　(D) 50 分 |

◆正解 (A)：6-8 行目にかけて "Train 428, ….(省略)…. will arrive 15 minutes late" とある。

| | |
|---|---|
| 79. What track will the train arrive at?<br>　(A) Track 2<br>　(B) Track 3<br>　(C) Track 5<br>　(D) Track 7 | 列車は何番線に到着しますか。<br>　(A) 2番線<br>　(B) 3番線<br>　(C) 5番線<br>　(D) 7番線 |
| ◆**正解（C）**：10行目から "Because of this delay, 428 will arrive at track No. 5, …." とある。(C) Track 5が正答。 ||

## 80-82

| | |
|---|---|
| Questions 80 through 82 refer to the following telephone message.<br><br>Hello, William.　This is Judy Colster. Thank you for calling and leaving a message on my answering machine. Yes, I'll be coming to Mrs. Sanders' farewell party Friday night.　Please include me on the guest list.　Could you let me know when the plans are finalized?　It would be great if the party starts at 6:30 or later, because I have to meet an important client on Friday afternoon.　Anyway, I'll definitely be there even if I am late.　I look forward to hearing from you. | 問題80-82は次の留守番電話メッセージに関するものです。<br><br>こんにちはWilliam。Judy Colsterです。留守番電話にメッセージを残してくれてありがとうございます。はい、金曜日の夜のMrs. Sandersの送別会に参加します。参加者名簿に私を加えてください。企画がすべて決まったら、連絡をもらえますか。送別会が、6時半か、それ以降に始まってくれたらいいのですが。その日の午後に大切なお客様に会わなければなりません。とにかく、どんなに遅くなっても必ず出席いたします。連絡を楽しみにしております。 |
| leave a message on one's answering machine「(～の) 留守番電話にメッセージを残す」、farewell party「送別会」、include「～を含める、加える」、guest list「参加者名簿」、Could you let me know?「知らせてもらえますか？」、(be) finalized「(計画等が) まとまる、仕上がる」、It would be great if ～「～だったらすばらしい」、meet an important client「大切な客に会う」、definitely「間違いなく、確実に」、even if ～「たとえ～でも」、look forward to ～「～を楽しみにする」、hear from ～「～から連絡をもらう」 ||
| 80. What is the message mainly about?<br>　(A) A birthday present<br>　(B) A good-bye party<br>　(C) An answering machine<br>　(D) An appointment | このメッセージは主に何についてですか。<br>　(A) 誕生日の贈り物<br>　(B) 送別会<br>　(C) 留守番電話<br>　(D) 約束 |

◆正解（B）：最初に"I'll be coming to Mrs. Sanders' farewell party Friday night."と「送別会」のことを切り出し、その後、話者は送別会についての話を続ける。(B) A good-bye party は、本文中の"farewell party"のこと。

| 81. What does the speaker ask William to do?<br>(A) Send her an email<br>(B) Provide her with more information<br>(C) Come to her house<br>(D) Come to a party | 話し手は William に何をするよう頼んでいますか。<br>(A) 彼女に電子メールを送ってもらう<br>(B) 彼女に企画の詳細を知らせてもらう<br>(C) 彼女の家に来てもらう<br>(D) パーティーに来てもらう |
|---|---|

◆正解（B）：話者がメッセージを残している相手の William に、6-8 行目にかけて"Could you let me know when the plans are finalized?"とあり、また最後に"I look forward to hearing from you."と伝えている。provide A with B「A に B を提供する」

| 82. What will the speaker do on Friday afternoon?<br>(A) Meet her client<br>(B) Have an office meeting<br>(C) Visit her relatives<br>(D) Call William | 話し手は金曜日の午後に何をする予定ですか。<br>(A) 彼女の重要なお客に会う<br>(B) 会社で会議がある<br>(C) 彼女の親戚を訪問する<br>(D) William に電話をかける |
|---|---|

◆正解（A）：9-11 行目にかけて、"I have to meet an important client on Friday afternoon."と話をしている。

## 83-85

| | |
|---|---|
| Questions 83 through 85 refer to the following introduction. | 問題 83-85 は次の案内に関するものです。 |
| I'd like to welcome you to I-magat Peak Inn. We offer a variety of attractions. Now, I'd like to announce several of our summer activities in July and August where you can enjoy yourselves outdoors. Our most exciting and popular attraction is Wildlife Hiking. The higher I-magat Peak areas offer wonderful opportunities for seeing wildlife. Fishing and Canoeing are also popular activities that entertain many of our guests. You can fish to your heart's content at the lake. Barbecuing at the lakeside is a fantastic choice as well. You can enjoy yourself surrounded by natural beauty. Please ask the front desk for more information. | I-magat Peak イン（旅館）によういらっしゃいました。私たちは豊富なアトラクションをご提供いたしております。さて、お客様が野外で楽しまれる7月から8月にかけての夏のアトラクションをいくつかご紹介いたします。最も楽しく人気があるものが、ワイルドライフ・ハイキングです。I-magat Peak の高地エリアでは、野生生物を観察できる素晴らしい機会に恵まれます。また、釣りとカヌーも当インのお客様が最も楽しまれる人気のアクティビティーです。お客様が十分にご満足されるまで、湖での魚釣をお楽しみください。湖畔でのバーベキューは素晴らしい選択の1つでもあります。この美しい自然の中で充分お楽しみください。詳細情報はフロント・デスクでご確認ください。 |

welcome「歓迎する」、inn「宿屋、小さいホテル、旅館」、offer「提供する」、a variety of ～「さまざまな」、attraction「催し物、名所、アトラクション」、enjoy oneself「楽しく過ごす」、outdoors「屋外で」、wildlife「野生生物」、opportunity for ～ing「～する機会」、fishing and canoeing「釣り（をすること）とカヌー（で下ること）」、entertain「楽しませる」、to one's heart's content「満足のゆくまで、思う存分に」、surrounded by ～「～に囲まれながら」、for more information「詳しい情報については」

| | |
|---|---|
| 83. Where is the speaker?<br>(A) At a restaurant<br>(B) At a travel agency<br>(C) At a lakeside<br>(D) At an inn | 話し手はどこにいますか。<br>(A) レストラン<br>(B) 旅行会社<br>(C) 湖畔<br>(D) イン（旅館） |
| ◆正解 (D)：I-magat Peak Inn の滞在客に対して歓迎の意を表している。inn「宿屋、旅館」にいると判断できる。 | |
| 84. What is the season now?<br>(A) Spring<br>(B) Summer<br>(C) Autumn<br>(D) Winter | 今の季節はいつですか。<br>(A) 春<br>(B) 夏<br>(C) 秋<br>(D) 冬 |

◆**正解 (B)**：3-6 行目に "Now, I'd like to announce several of our summer activities in …" と説明。「夏」であることがわかる。

| 85. What activity is NOT mentioned? | 案内のされていないアクティビティーは何ですか。 |
|---|---|
| (A) Canoeing<br>(B) Hiking<br>(C) Biking<br>(D) Fishing | (A) カヌー<br>(B) ハイキング<br>(C) バイキング（自転車）<br>(D) 釣り |

◆**正解 (C)**：8 行目に "Wildlife Hiking"、11 行目に "Fishing and Canoeing" の案内をしている。案内されていないのは、(C) Biking となる。

## 86-88

| Questions 86 through 88 refer to the following telephone message.<br><br>Good morning, Ms. Maigat.　This is Robert Chan from e-eMoney Bank.　I would like to thank you for your patronage.　I'm calling now to tell you about some important changes to your e-eMoney Credit Card Agreement. Knowing about the changes may affect how you use your card, so we urge you to read the updated information we sent you yesterday.　You can also find information on our website.　If you have any questions, please feel free to call or email us at any time. | 問題 86-88 は次の留守番電話メッセージに関するものです。<br><br>Maigat さん、おはようございます。e-eMoney 銀行の Robert Chan です。いつもお世話になり、ありがとうございます。e-eMoney クレジットカード契約の重要な変更をお知らせするために、お電話しております。今回の変更点をご理解いただくことが、お客様のカードの利用方法に影響を与えることもありますので、我々が昨日ご自宅あてにお送りさせていただいた最新情報を一読されることをお勧めいたします。ホームページも同時に閲覧ください。もしご質問があるようでしたらいつでもご遠慮なく電話、または電子メールにてお問い合わせください。 |

This is ~ from … 「私は … の～です」、for one's patronage 「いつも利用していただいていることに対して」、credit card agreement 「クレジットカード規約（契約）」、affect 「～に影響を及ぼす」、we urge you to ~ 「(我々は) ～することをお願いする」、updated 「最新の」、at one's website 「～のホームページで」、feel free to ~ 「遠慮なく～する」

| 86. Who is Robert Chan?<br>　(A) A lawyer<br>　(B) A bank clerk<br>　(C) A mail carrier<br>　(D) A telephone receptionist | 16. Robert Chan 氏とはだれですか。<br>　(A) 弁護士<br>　(B) 銀行員<br>　(C) 郵便配達員<br>　(D) 電話受付係 |

| ◆正解（B）: | 2 番目の文で "This is Robert Chan from e-eMoney Bank." と名乗っている。e-eMoney 銀行の社員であることがわかる。 |
|---|---|

| 87. What does the caller want Ms. Maigat to do?<br>(A) To sign something<br>(B) To renew her credit card<br>(C) To pay the man money<br>(D) To read her card agreement information | 電話をかけている人は Maigat さんに何をして欲しいのですか。<br>(A) 何かにサインをする<br>(B) 彼女のクレジットカードを更新する<br>(C) 男性にお金を支払う<br>(D) カード契約合意の情報を読む |
|---|---|

| ◆正解（D）: | 8-10 行目に "we urge you to read the updated information we sent to you yesterday." と、カード契約の新しくなった情報を読んでもらうようにお願いをしていることがわかる。want（人）to ~「（人）に～してもらいたい」 |
|---|---|

| 88. How does Robert Chan ask to be contacted?<br>(A) By letter<br>(B) By fax<br>(C) By telephone<br>(D) By seeing him at his office | Robert Chan 氏にどのように連絡を取るよう頼んでいますか。<br>(A) 手紙<br>(B) ファックス<br>(C) 電話<br>(D) 直接の訪問 |
|---|---|

| ◆正解（C）: | 最後に "If you have any questions, please feel to call or email at any time." と話をしている。call「電話をする」、email「メールを送る」のいずれかでの連絡となるので、選択肢の中で当てはまるのは (C) By telephone。be contacted「連絡が取れる」 |
|---|---|

## 89-91

| | |
|---|---|
| Questions 89 through 91 refer to the following excerpt from a speech.<br><br>So, I will now talk about fiber intake. Most Japanese get only about half of the fiber needed. The best way to add fiber is to eat more fruits, beans, vegetables and whole grains. Adding a lot of fiber to our diet quickly can result in diarrhea or gas.　Therefore, we should increase the fiber in our diet slowly.　We need 20 to 30 grams of fiber daily. If you would like to know how much fiber is in your diet, look at pages 40 and 41 in the booklet to see the amount of dietary fiber each food provides. | 問題89-91は次のスピーチの一部に関するものです。<br><br>今から食物繊維の摂取についてお話しします。多くの日本人は、必要とする繊維質の半分しか摂取していません。繊維質の摂取を増やすのに最良の方法は果物、豆類、野菜と全粒穀物類をより多く取ることです。一度に多くの繊維質を我々の食事に取り入れると、下痢やガスの原因となります。したがって、徐々に繊維質を食事に取りいれなければなりません。毎日20グラムから30グラムの繊維質を必要とします。もし自分の食事にどのぐらい繊維質が含まれているかを知りたければ、冊子の40ページと41ページをご覧ください。それぞれの食物に含まれる食物繊維の量がわかります。 |

fiber intake「食物繊維の摂取」、~ needed「必要とされる~」、the best way to ~「~する最良の方法」、add「~を加える」、beans「豆、豆類」、whole grains「全粒穀物類」、adding ~ to …「~を…に加えること」、diet「食事」、result in ~「(結果的に) ~をもたらす」、diarrhea「下痢」、therefore「それ故に」、increase「増やす」、daily「日々」、booklet「小冊子」、the amount of ~「~の量」、dietary fiber「食物繊維」、~ each food provides「それぞれの食物が提供している~」

| | |
|---|---|
| 89. Who is the speaker most likely to be?<br>　(A) An accountant<br>　(B) A chef<br>　(C) A nutritionist<br>　(D) A doctor | 話し手は誰であると考えますか。<br>　(A) 会計士<br>　(B) 料理人<br>　(C) 栄養士<br>　(D) 医師 |

◆正解 (C)：fiber intake「食物繊維」についての摂取や、どれだけの量が食物に含まれているか等の話をしている。(C) A nutritionist であることが判別できる。

| | |
|---|---|
| 90. According to the speech, how much fiber do we need every day?<br>　(A) 10 to 20 grams<br>　(B) 20 to 30 grams<br>　(C) 30 to 40 grams<br>　(D) 40 to 50 grams | スピーチでは毎日どのぐらいの量の繊維質を必要としていますか。<br>　(A) 10グラムから20グラム<br>　(B) 20グラムから30グラム<br>　(C) 30グラムから40グラム<br>　(D) 40グラムから50グラム |

◆**正解（B）**：9-10行目に "We need 20 to 30 grams of fiber daily." と説明されている。

| 91. What information is provided in the booklet?<br>　(A) What fruits, beans, vegetables and grains include fiber<br>　(B) What causes diarrhea or gas<br>　(C) How little fiber Japanese people take in<br>　(D) How much fiber is contained in food | 冊子には何の情報が示されていますか。<br>　(A) どの果物、豆、野菜、穀物に繊維質が含まれているか<br>　(B) 下痢またはガスの原因となるものは何か<br>　(C) 日本人の摂取する繊維質がどれだけ少ないか<br>　(D) 食物にどれだけの繊維質が含まれているか |
|---|---|

◆**正解（D）**：" …look at pages 40 and 41 in the booklet" と話す直前に、"If you would like to know how much fiber is in your diet, …" と説明をしている。　include「～を含む」、take in ～「取り入れる」、(be) contained「含まれている」

## 92-94

| Questions 92 through 94 refer to the following introduction.<br><br>Welcome to our small town, Tasry. My name is Rick Yamada, and I'll be your tour guide today.　The tour is about 2 hours long.　First of all, I would like to talk a little bit about our town history before starting the tour. This tiny town, Tasry, once had a large population and was very prosperous due to the rich silver mine.　About four hundred years ago, this mine produced approximately two tons of silver a day, which was 40% of the world output then.　There were thousands of workers at the site and the town had a large population. However, the town has only a third of that population now.　Well, let's start the tour. | 問題 92-94 は次の案内に関するものです。<br><br>我々の小さな町、「Tasry」にお越しくださりありがとうございます。私の名前はRick Yamadaです。本日、皆様のツアーガイドを務めさせていただきます。このツアーは約2時間です。ツアーを始める前に、最初に、ここの歴史について少しだけお話ししたいと思います。この小さな町「Tasry」はかつて豊かな銀鉱山だったため、多くの人口を抱え繁栄しておりました。約4百年前、この鉱山は1日におよそ2トンの銀を産出し、その量は当時世界の生産量の40％を占めておりました。この地には多くの労働者がいて、町は多くの人口を抱えていました。しかしながら、現在この町には当時の1/3の人口しかいません。それではツアーをスタートしましょう。 |
|---|---|

tour guide「ツアーガイド」、town history「町の歴史」、once「かつて、以前」、large population「多くの人口」、prosperous「栄えた、繁栄している」、due to ~「~のために」、silver mine「銀鉱山」、produce「産出する」、approximately「約、だいたい」、world output「世界生産高」、thousands of ~「何千もの~」、at the site「その地で」、a third「3分の1」

| | |
|---|---|
| 92. How long does the tour last?<br>　(A) 40 minutes<br>　(B) 90 minutes<br>　(C) 120 minutes<br>　(D) 140 minutes | ツアーの時間はどのくらいですか。<br>　(A) 40分<br>　(B) 90分<br>　(C) 120分<br>　(D) 140分 |
| ◆正解（C）：3-4行目に "The tour is about 2 hours." とある。 ||
| 93. What is being explained in the introduction?<br>　(A) Scenery<br>　(B) Town history<br>　(C) Jewelry<br>　(D) Coal mining | 案内で、何について説明されていますか。<br>　(A) 見晴らし<br>　(B) 町の歴史<br>　(C) 宝石類<br>　(D) 炭鉱 |
| ◆正解（B）：話者が自分が誰かを名乗った後、4行目から "First of all, I would like to talk a little bit about our town history …" と話をしている。 ||
| 94. What change does the speaker talk about?<br>　(A) The town has become more prosperous.<br>　(B) The mine produces more silver now.<br>　(C) The number of workers has increased.<br>　(D) The population has become smaller. | 話し手は何の変化について話をしていますか。<br>　(A) 町はもっと栄えるようになった。<br>　(B) 鉱山は今もっと多くの銀を生産している。<br>　(C) 労働者の数が増えた。<br>　(D) 人口が減った。 |
| ◆正解（D）：以前は鉱山で町が栄えていたという話をした後、最後に、"However, the town has only a third of that population now." と人口の減少について説明をしている。 ||

## 95-97

| | |
|---|---|
| Questions 95 through 97 refer to the following talk.<br><br>As you can see from my resume, I am majoring in mechanical engineering at a technical college.　I am very interested in your company because you are the second biggest bearing manufacturer in the world.　After I graduate, I would like to join a global company like yours where I can have the chance to work abroad. I like how your company is enterprising and open-minded.　I am also very excited about your expansion of existing main products such as bearings and constant velocity joints and still going even further to add new technologies. I am very interested in your overseas section because I would like to meet the challenges of working overseas. | 問題 95-97 は以下の話に関するものです。<br><br>履歴書をご覧いただいておわかりの通り、私は専門学校で機械工学を専攻しています。貴社に興味を持ったのは、貴社が世界で 2 番目に大きい軸受け製造会社だからです。卒業後は、海外勤務の機会が得られる貴社のようなグローバル企業に就職を希望しています。貴社がいかに積極的であり、自由闊達な企業であるかという点に魅かれております。また、軸受けや等速ジョイント等の既存製品の生産を拡大して、新しい技術を増やして飛躍されていることにも、大変関心を抱いております。貴社の海外部門に興味を抱いており、そこで新しい取り組みをすることに挑戦したいと思っています。 |

resume「履歴書」、major in ~「(大学で) ~を専攻する」、mechanical engineering「機械工学」、technical college「専門学校」、the second biggest「2 番目に大きい」、bearing manufacturer「ベアリング［軸受］メーカー」、global「世界規模の、国際的な」、abroad「海外で」、enterprising「進取的な」、open-minded「開放的な」、expansion「拡大」、existing「既存の」、constant velocity「一定速度」、joint「接合(部)、ジョイント」、go even further「さらに先に進む」、add「~を加える、増す」、new technology「新技術」、overseas section「海外部門、国際部門」、meet the challenge「挑戦に向かっていく」、overseas「海外で」

| 95. Who is the speaker? | 誰が話していますか。 |
|---|---|
| (A) An engineer | (A) 機械技師 |
| (B) A scientist | (B) 科学者 |
| (C) A student | (C) 学生 |
| (D) A translator | (D) 翻訳者 |

◆正解 (C)：冒頭で "I am majoring in mechanical engineering at a technical college." と話をしている。student であることがわかる。

| | |
|---|---|
| 96. What is the speaker's purpose?<br>(A) To present herself as a job applicant<br>(B) To interview a job applicant<br>(C) To advertise the company<br>(D) To tell about a job opening | 話し手のスピーチの目的は何ですか。<br>(A) 就職志願者として自分をアピールするため<br>(B) 就職を希望する人へのインタビューをするため<br>(C) 会社の広告をするため<br>(D) 募集案内をするため |

◆正解（A）：話者は、自分の専攻について述べた後、3行目から"I am very interested in your company …"と会社への関心を伝え始める。入社して"work abroad"「海外で働く」、"overseas section"「海外部門」に興味を持っている話など、job applicantとして自分自身をアピールしている。interview「〜と面接をする」、advertise「〜を宣伝する」、job opening「求職、求人」

| | |
|---|---|
| 97. What is true about the speaker?<br>(A) She wants to build her own company.<br>(B) She wants to work overseas.<br>(C) She wants to be open-minded.<br>(D) She wants to study new technologies. | 話し手について何が正しいですか。<br>(A) 起業したい。<br>(B) 海外で働きたい。<br>(C) 心の広い人でありたい。<br>(D) 新技術を学びたい。 |

◆正解（B）：7-9行目で"I would like to join a global company like yours where I can have the chance to work abroad."と話している。話者は、入社して海外勤務を希望していることがわかる。

## 98-100

| | |
|---|---|
| Questions 98 through 100 refer to the following announcement.<br><br>All students and college staff, may I have your attention please?　If you have a locker in either the men's or women's locker rooms, please remove the lock and clean out your locker by Thursday, August 14th, a month from today. We will be cleaning the locker rooms to prepare for the fall semester. Please return all locks to the Athletic Facilities Office or Administrative Office in our fitness center to get your deposit back.　The offices will be open from 9 a.m. to 5:00 p.m. every day until August 13th, and from 9:00 a.m. to 7 p.m. on August 14th.　Thank you for your cooperation. | 問題98-100は以下の案内に関するものです。<br><br>すべての学生と大学関係者の皆様に、ご案内申し上げます。男子更衣室か、または女子更衣室のどちらかにロッカーを所有している場合、今日から1カ月後の8月14日の木曜日までにロッカーの中を片づけて錠をはずしてください。秋のセメスターの準備のために、更衣室を清掃いたします。保証金を返金してもらうには、錠をフィットネス・センターの体育施設事務所、または管理事務所までご返却ください。各事務所は8月13日までは毎日午前9時から午後5時まで開いています。8月14日は午前9時から午後7時まで開いています。ご協力ありがとうございます。 |

college staff「大学職員、大学関係者」、May I have your attention?「ご案内申し上げます。」、in either the men's or women's locker rooms「男子更衣室か女性更衣室のいずれかに」、either A or B「AかBのいずれか」、remove「移動する、除去する」、lock「錠、ロック」、clear out「（中を）掃除する、空にする」、by ～「（期限を表して）～までに」、prepare for ～「～の準備をする」、fall semester「秋期」、return ～ to …「～を…に返却する」、Athletic Facilities Office「体育施設事務所」、Administrative Office「管理事務所」、deposit back「保証金、敷金」、get ～ back「～を取り戻す、～を戻してもらう」、cooperation「協力」

| | |
|---|---|
| 98. Where is this announcement most likely being made?<br>　(A) On a college campus<br>　(B) At a fitness center<br>　(C) In a hotel<br>　(D) In the library | この案内はどこで放送されていると考えられますか。<br>　(A) 大学のキャンパス<br>　(B) フィットネス・センター<br>　(C) ホテル<br>　(D) 図書館 |

◆**正解（A）**：冒頭で"All students and college staff, …"「大学生と大学関係者の皆さま」に向かって話しかけている。大学キャンパス内で流されているアナウンス文だとわかる。

| | |
|---|---|
| 99. What will happen to the lockers?<br>　(A) All locks in the rooms will be returned to students.<br>　(B) Staff members will break the lockers in the rooms.<br>　(C) The locker rooms will be used for a different purpose.<br>　(D) All lockers in the rooms will be cleaned out. | ロッカー・ルームで何が行なわれますか。<br>　(A) 更衣室のすべての錠が学生たちに返却される<br>　(B) 職員が更衣室のロッカーを壊す<br>　(C) 更衣室が違う目的で使用される<br>　(D) 更衣室のすべてのロッカーが清掃される |
| ◆正解 (D)：7-8行目に "We will be cleaning the locker rooms to prepare for the fall semester." と話をしていることから、「秋期に向けて更衣室が清掃される」ことがわかる。(D) が適切。(be) returned to ~「~に返却される」、break「壊す」、purpose「目的」、(be) cleaned out「清掃されて空になる」 | |
| 100. According to the passage, what day is it NOT possible to get the deposit back?<br>　(A) On August 13th<br>　(B) On July 25th<br>　(C) On August 15th<br>　(D) On July 31st | 案内によれば保証金の返金ができない日にちは何日ですか。<br><br>　(A) 8月13日<br>　(B) 7月25日<br>　(C) 8月15日<br>　(D) 7月31日 |
| ◆正解 (C)：更衣室の錠をはずす期限を、5-6行目に "by Thursday, August 14th" としており、その時期は "a month from today"「(今日から) 1カ月後」としている。この放送が行なわれているこの時期は、July 14th 前後と推測可能。また、Athletic Facilities Office or Administrative Office「体育施設事務所と管理事務所」が開いている最終日は "on August 14th" と説明されている。事務所はこの8月14日まで毎日開いていると説明されているために、事務所で保証金が受け取れない日は、(C) On August 15th となる。 | |

# 模擬テスト Part1 再チャレンジ①

MP3 track 117-126

1. Ⓐ Ⓑ Ⓒ Ⓓ

2. Ⓐ Ⓑ Ⓒ Ⓓ

3.

Ⓐ Ⓑ Ⓒ Ⓓ

4.

Ⓐ Ⓑ Ⓒ Ⓓ

5.

Ⓐ Ⓑ Ⓒ Ⓓ

6.

Ⓐ Ⓑ Ⓒ Ⓓ

7.

Ⓐ Ⓑ Ⓒ Ⓓ

8.

Ⓐ Ⓑ Ⓒ Ⓓ

9.

Ⓐ Ⓑ Ⓒ Ⓓ

10.

Ⓐ Ⓑ Ⓒ Ⓓ

# 模擬テスト Part1 ①トランスクリプト&解答・解説

**1.**

| | |
|---|---|
| (A) The lady is standing in front of the computer. | (A) 女性はコンピュータの前で立っている。 |
| (B) The lady is wearing a short-sleeved T-shirt. | (B) 女性は半袖のTシャツを着ている。 |
| (C) The lady is ironing the flag. | (C) 女性は旗にアイロンをかけている。 |
| (D) The lady is preparing her dinner. | (D) 女性は夕食の準備をしている。 |

◆正解 **(B)**：(B) short-sleeved「半袖の」(C) iron「アイロン」のこと。動詞「アイロンをかける」にもなり、ここでは動詞で使用される。(D) prepare dinner「夕食の準備をする」

**2.**

| | |
|---|---|
| (A) Two dogs are looking at each other. | (A) 2匹の犬が互いに見つめ合っている。 |
| (B) One woman is taking off her cap. | (B) 1人の女性は野球帽を脱いでいる。 |
| (C) Two women are talking to each other. | (C) 2人の女性はお互いに話をしている。 |
| (D) One dog is jumping up and down. | (D) 1匹の犬が飛び跳ねている。 |

◆正解 **(C)**：(A) look at each other「互いに見つめ合う」(B) take off「～を脱ぐ、外す」(D) jump up and down「飛び跳ねる」

**3.**

| | |
|---|---|
| (A) He is repairing his bicycle.<br>(B) His bicycle is broken.<br>(C) He is sitting on his bicycle.<br>(D) His bicycle has four wheels. | (A) 彼は自転車を修理している。<br>(B) 彼の自転車は壊れている。<br>(C) 彼は自転車に座っている。<br>(D) 彼の自転車には4つの車輪がある。 |

◆正解 **(C)**：(A) repair「修理をする」(B) (be) broken「壊れている、故障している」(C) sit on one's bicycle「自転車に乗る、座る」(D) wheel「車輪」

**4.**

| | |
|---|---|
| (A) They are both sitting outdoors.<br>(B) They are having a conversation.<br>(C) They are facing each other.<br>(D) They are both putting out cigarettes. | (A) 彼らは2人とも屋外で座っている。<br>(B) 彼らは会話をしている。<br>(C) 彼らはお互いに向き合っている。<br>(D) 彼らは2人とも煙草の火を消している。 |

◆正解 **(A)**：(A) outdoors「屋外で、外で」(B) conversation「会話」(C) face each other「互いに向かい合う」(D) put out a cigarette「煙草の火を消す」

**5.**

| | |
|---|---|
| (A) The cross is hanging by the window.<br>(B) There is a clock in the building.<br>(C) The clock says six o'clock.<br>(D) Some chairs are in the cloakroom. | (A) 十字架が窓の近くにつるされている。<br>(B) 建物の中に時計がある。<br>(C) 時計は6時を示している。<br>(D) 何脚かの椅子がクロークルームにある。 |

◆正解 **(B)**：(A) cross「十字架」(D) cloakroom「手荷物預かり所、クロークルーム」

**6.**

| | |
|---|---|
| (A) The man is selling canned drinks at a stand.<br>(B) The man is taking some chips out of the vending machine.<br>(C) The man is talking to a vendor.<br>(D) The man is putting beverages into the machines. | (A) 男性は売店で缶飲料を売っている。<br>(B) 男性は自動販売機からチップスを取り出している。<br>(C) 男性は行商人に話しかけている。<br>(D) 男性は飲料を販売機に入れている。 |

◆正解 **(D)**：(A) canned drink「缶飲料」、at a stand「売店で」(B) take ~ out of …「…から~を出す」、vending machine「自動販売機」(C) vendor「売る人、行商人」(D) put ~ into …「…に~を入れる」

**7.**

| | |
|---|---|
| (A) The children are playing with an animal. | (A) 子供たちは動物と遊んでいる。 |
| (B) The children are being spoken to by a lady. | (B) 子供たちは女性に話しかけられている。 |
| (C) The children are seated on the bench. | (C) 子供たちはベンチに腰かけている。 |
| (D) The children are sitting by the stairs. | (D) 子供たちは階段の側で座っている。 |

◆正解 **(D)**：(B) (be) spoken to by ～「～に話しかけられる」(C) (be) seated「腰掛ける」(D) by ～「～の側で」、stairs「階段」

**8.**

| | |
|---|---|
| (A) Logs are being transported by truck. | (A) 丸太がトラックで運ばれている。 |
| (B) Trees are being cut down by a woodsman. | (B) 木々が木こりによって切り倒されている。 |
| (C) Logs are piled up on the ground. | (C) 丸太が地面に積み上げられている。 |
| (D) Rocks are scattered on the grass. | (D) 岩が芝生の上に散らばっている。 |

◆正解 **(C)**：(A) (be) transported「運ばれる、輸送される」(B) (be) cut down「切り倒される、切り落とされる」、woodsman「木こり、森で働く人」 (C) (be) piled up「積み上げられる」(D) (be) scattered「散らばっている」

**9.**

(A) There are many cars in the yard.
(B) Items are being displayed on the tables.
(C) Things have been sold out at the sale.
(D) The garage sale has been canceled due to the bad weather.

(A) 庭にはたくさん車がある。
(B) 品物がテーブルに並べられている。
(C) 物がセールですべて売り切れた。
(D) ガレージセールは悪天候のために中止になった。

◆正解（B）：(A) in the yard「庭に」(B) (be) displayed「展示された、並べられた」(C) (be) sold out「売り切れる」(D) (be) canceled「キャンセルになる、中止される」、due to ～「～のために」

**10.**

(A) The plants are being cultivated by the man.
(B) The man is feeding a dog something.
(C) The dog is running around the park.
(D) The dead leaves have been all swept up.

(A) 植物は男性によって栽培されている。
(B) 男性は犬に何か食べ物を与えている。
(C) 犬は公園を走り回っている。
(D) 枯葉はすべて掃き掃除された。

◆正解（B）：(A) (be) cultivated「耕される、栽培される」(B) feed「～に食物を与える」(D) dead leaves「枯葉」、(be) swept up「掃き掃除される（されてなくなる）」、swept は sweep の過去分詞。sweep up「(ほうきで) 掃く」

# 模擬テスト Part1 再チャレンジ②

MP3 track 127-136

1. Ⓐ Ⓑ Ⓒ Ⓓ

2. Ⓐ Ⓑ Ⓒ Ⓓ

3.

Ⓐ Ⓑ Ⓒ Ⓓ

4.

Ⓐ Ⓑ Ⓒ Ⓓ

5.

Ⓐ Ⓑ Ⓒ Ⓓ

6.

Ⓐ Ⓑ Ⓒ Ⓓ

7.

Ⓐ Ⓑ Ⓒ Ⓓ

8.

Ⓐ Ⓑ Ⓒ Ⓓ

9.  Ⓐ Ⓑ Ⓒ Ⓓ

10. Ⓐ Ⓑ Ⓒ Ⓓ

# 模擬テスト Part1 ②トランスクリプト&解答・解説

**1.**

(A) A man is standing in the field.
(B) A man is looking up at the sky.
(C) A man is cooking something.
(D) A man is showing his back.

(A) 男性は野原に立っている。
(B) 男性は空を見上げている。
(C) 男性は何かを料理している。
(D) 男性は背を向けている。

◆正解 **(D)**：(A) in the field「野原で」 (B) look up at ～「～を見上げる」 (D) show one's back「背中を向ける」

**2.**

(A) People are walking down the mountain.
(B) People are carrying slides.
(C) People are going down the slides.
(D) People are running alongside the slides.

(A) 人々が山を歩いておりてきている。
(B) 人々が滑り台を運んでいる。
(C) 人々が滑り台を滑りおりている。
(D) 人々が滑り台に沿って走っている。

◆正解 **(C)**：(A) walk down ～「～を歩いておりる」 (B) slide「滑り台」 (C) go down the slide「滑り台を滑る」 (D) alongside ～「～沿いに、～と平行に」

**3.**

| | |
|---|---|
| (A) A woman is wearing an apron. | (A) 女性はエプロンを身につけている。 |
| (B) A woman is eating a lobster. | (B) 女性はロブスターを食べている。 |
| (C) A woman is cleaning the sink. | (C) 女性は流し台を掃除している。 |
| (D) A woman is fishing in the lake. | (D) 女性は湖で釣りをしている。 |

◆**正解 (A)**：(A) apron「エプロン」 (B) lobster「伊勢えび、ロブスター」 (C) sink「流し台」 (D) fish「（動詞で）釣りをする」

**4.**

| | |
|---|---|
| (A) The brick walls are being painted. | (A) レンガの壁がペンキで塗られている。 |
| (B) Tourists are looking at the show. | (B) 観光客は、ショーを見ている。 |
| (C) The place is crowded with visitors. | (C) 場所は、観光客で混雑している。 |
| (D) People are fixing the brick walls. | (D) 人々がレンガの壁を修理している。 |

◆**正解 (C)**：(A) brick「レンガ」、(be) painted「ペンキで塗られている」、(C) (be) crowded with ～「～で混雑している」

**5.**

| (A) A one-story building is standing.<br>(B) There is a truck in front of the building.<br>(C) The fence has been removed.<br>(D) The building has no windows. | (A) 1階建ての建物が立っている。<br>(B) 建物の前には1台のトラックがある。<br>(C) フェンスが取り除かれた。<br>(D) 建物には窓がない。 |
|---|---|

◆正解（**B**）：(A) one-story building「1階建ての建物」　(C)(be) removed「取り除かれる」

**6.**

| (A) They are seated in the living room.<br>(B) They are facing the ocean.<br>(C) They are standing on the beach.<br>(D) They are folding the chairs. | (A) 彼らは居間で座っている。<br>(B) 彼らは海と向き合っている。<br>(C) 彼らは海岸で立っている。<br>(D) 彼らは椅子を折りたたんでいる。 |
|---|---|

◆正解（**B**）：(A)(be) seated「着席している、座っている」　(B) face ~「~と向きあっている、~に面している」　(D) fold「~を折る、折りたたむ」

**7.**

| | |
|---|---|
| (A) Magazines are displayed on the shelves.<br>(B) Things are removed from the shelves.<br>(C) Water bottles are being taken from the shelves by the shoppers.<br>(D) Books are being sold by a woman at a stand. | (A) 雑誌が棚に並べられている。<br>(B) 棚から物が取り除かれている。<br>(C) 買い物客が棚から水のボトルを取っている。<br>(D) 女性が売店で本を販売している。 |

◆正解 **(A)** : (A) (be) displayed「展示された、並べられた」、on the shelves「棚の上に」(B) (be) removed from ~「~から取り除かれる」(C) "(be) being ＋過去分詞形"は受動態の進行形「(~が) ちょうど~されている」(D) at a stand「売店で」

**8.**

| | |
|---|---|
| (A) There is a three-story building on the street.<br>(B) The house is surrounded by many trees.<br>(C) The walls are being painted.<br>(D) The street has no pedestrians. | (A) 通りに3階建てのビルがある。<br>(B) 家は多くの木々に囲まれている。<br>(C) 壁のペンキが塗られている。<br>(D) 通りを歩いている人は誰もいない。 |

◆正解 **(D)** : (A) three-story「3階建ての」 (B) (be) surrounded by ~「~で囲まれている」 (D) pedestrian「歩行者、歩いている人」

**9.**

| | |
|---|---|
| (A) A woman is getting off her bicycle.<br>(B) Some motorcycles are being repaired.<br>(C) A man is taking off his helmet.<br>(D) The street is full of motorcyclists. | (A) 女性は自転車からおりている。<br>(B) 何台かのバイクが修理されているところである。<br>(C) 男性はヘルメットを脱いでいる。<br>(D) 通りはバイクに乗った人でいっぱいである。 |

◆正解 **(D)**：(A) get off ~「~からおりる」 (B) (be) repaired「修理される」 (C) take off ~「~を脱ぐ」 (D) (be) full of ~「~でいっぱいである」

**10.**

| | |
|---|---|
| (A) People are waiting to order some food.<br>(B) The restaurant has a sign and a flag.<br>(C) Many tables are set up in front of the restaurant.<br>(D) There are many lobsters in the water. | (A) 人々は食べ物を注文しようと待っている。<br>(B) レストランには看板と旗がある。<br>(C) レストランの前には、たくさんのテーブルがセットされている。<br>(D) 水中にたくさんのロブスターがいる。 |

◆正解 **(B)**：(A) order「注文する」 (B) sign「看板」、flag「旗」 (C) (be) set up「セットされている」

# 模擬テスト Part1 再チャレンジ③

MP3 track 137-146

1. Ⓐ Ⓑ Ⓒ Ⓓ

2. Ⓐ Ⓑ Ⓒ Ⓓ

3.

Ⓐ Ⓑ Ⓒ Ⓓ

4.

Ⓐ Ⓑ Ⓒ Ⓓ

5.

Ⓐ Ⓑ Ⓒ Ⓓ

6.

Ⓐ Ⓑ Ⓒ Ⓓ

7.  Ⓐ Ⓑ Ⓒ Ⓓ

8.  Ⓐ Ⓑ Ⓒ Ⓓ

9.

Ⓐ Ⓑ Ⓒ Ⓓ

10.

Ⓐ Ⓑ Ⓒ Ⓓ

## 模擬テスト Part1 ③トランスクリプト&解答・解説

1.

(A) A man is pushing a ball.
(B) A man is skating on the lake.
(C) A man is pulling a boat.
(D) A man is standing on the boat.

(A) 男性はボールを押している。
(B) 男性は湖でスケートをしている。
(C) 男性はボートを引っ張っている。
(D) 男性はボートの上で立っている。

◆正解 **(C)**: (B) skate on the lake「湖でスケートをする」 (C) pull「(～を) 引く」

2.

(A) Two horses are running on the racetrack.
(B) Two horses are facing the same direction.
(C) Two horses are carrying a man and a woman.
(D) Two horses are staying in the building.

(A) 2頭の馬が競馬場を走っている。
(B) 2頭の馬が同じ方向を向いている。
(C) 2頭の馬が男性と女性を運んでいる。
(D) 2頭の馬が建物の中にいる。

◆正解 **(B)**: racetrack「競馬場、(競争するための) トラック」 (B) face the same direction「同じ方向を向く」 (C) carry「(～を) 運ぶ」

**3.**

| | |
|---|---|
| (A) The man is wearing a cap.<br>(B) The street is full of runners.<br>(C) The man is riding his motorcycle.<br>(D) The cow is pulling a cart. | (A) 男性は野球帽をかぶっている。<br>(B) 通りは走者でいっぱいである。<br>(C) 男性はオートバイに乗っている。<br>(D) 牛が馬車を引いている。 |

◆正解（C）：cap「野球帽」(B)（be）full of ～「～でいっぱいである、あふれている」(C) ride「～に乗る」(D) cart「(二輪)の馬車、荷馬車」

**4.**

| | |
|---|---|
| (A) She is eating at a restaurant.<br>(B) The woman is sitting in the garden.<br>(C) Papers are placed on the table.<br>(D) Many computers are set on the shelves. | (A) 彼女はレストランで食べている。<br>(B) 女性は庭で座っている。<br>(C) 書類がテーブルの上に置かれている。<br>(D) 多くのコンピュータが棚の上に設置されている。 |

◆正解（C）：(B) in the garden「庭で」(C)（be）placed on ～「～の上に置かれている」(D)（be）set「設置される、置かれる」、on the shelves「棚の上に」

**5.**

| | |
|---|---|
| (A) There are many chairs on the street. | (A) 通りに椅子がたくさんある。 |
| (B) The people are selling some fruits and vegetables. | (B) 人々が果物や野菜を売っている。 |
| (C) Some people are looking at a parasol. | (C) 何人かの人がパラソルを眺めている。 |
| (D) The people are sleeping under some umbrellas. | (D) 人々がパラソルの下で眠っている。 |

◆正解（**B**）：(C) look at ~「~を見る」 (D) umbrella「傘」

**6.**

| | |
|---|---|
| (A) All the chairs have been removed from outside. | (A) すべての椅子が外から移動されてしまった。 |
| (B) The people are standing in front of the restaurant. | (B) 人々がレストランの前で立っている。 |
| (C) Some people are seated at the table. | (C) 何人かの人がテーブルに座っている。 |
| (D) Many tables are piled up behind potted trees. | (D) 多くのテーブルが鉢植えの木の後ろに積まれている。 |

◆正解（**C**）：(A) be removed「移される、動かされる」 (B) in front of「~の前に」 (C) (be) seated at a table「テーブルの席に座る」 (D) (be) piled up「積まれる、積み上げられる」

**7.**

| | |
|---|---|
| (A) The two people are seated across from each other.<br>(B) Some sofas are lined up in front of the people.<br>(C) Keyboards are located behind the computers.<br>(D) Some computers are set up on the desk. | (A) 2人の人がお互いに向き合って座っている。<br>(B) いくつかのソファが人々の前に並べられている。<br>(C) キーボードがコンピュータの後ろに置かれている。<br>(D) 何台かのコンピュータが机にある。 |

◆正解 **(D)**：(be) seated「腰掛ける、座る」、across from each other「お互いに向い合って」、(be) lined up「(1列に) 並べられている」、(be) located「〜がある」、(be) set「セットされている、設置されている」

**8.**

| | |
|---|---|
| (A) A lady is standing behind a shopping cart.<br>(B) A lady is about to enter the supermarket.<br>(C) A lady is leaning against the wall.<br>(D) A lady is gathering some wheelchairs. | (A) 女性は買物のカートの後ろに立っている。<br>(B) 女性はスーパーマーケットに入ろうとしている。<br>(C) 女性は壁にもたれている。<br>(D) 女性は車椅子を集めている。 |

◆正解 **(A)**：(A) shopping cart「ショッピングカート」 (B) enter「(〜に) 入る」 (C) lean against 〜「〜に寄りかかる、もたれる」 (D) gather「(〜を) 集める」、wheelchair「車椅子」

**9.**

| | |
|---|---|
| (A) The suitcases are placed on the table. | (A) スーツケースがテーブルに置かれている。 |
| (B) The bags are scattered on the floor. | (B) バッグが床の上に散らかっている。 |
| (C) The suitcases are covered with nets. | (C) スーツケースがネットで覆われている。 |
| (D) The trunks are lined up on the shelves. | (D) トランクが棚の上に並べられている。 |

◆正解 **(C)**：(B) (be) scattered「散在している、散らばっている」(C) (be) covered with~「~で覆われている、~が覆いかぶさっている」(D) trunk「(旅行用の) 大型かばん」、(be) lined up「並べられている、列にして置いてある」

**10.**

| | |
|---|---|
| (A) One of the men is absorbed in reading the newspaper. | (A) 男性の1人が新聞を読むのに没頭している。 |
| (B) Two men are talking eagerly with each other. | (B) 2人の男性が熱心に話しをしている。 |
| (C) One of the men is driving a taxi. | (C) 1人の男性がタクシーを運転している。 |
| (D) Two men are waving their hands to call a taxi. | (D) 2人の男性がタクシーを呼ぶのに手を振っている。 |

◆正解 **(A)**：(A) (be) absorbed in ~「~に没頭する」 (B) eagerly「熱心に」 (D) wave one's hand「手を振る」、call a taxi「タクシーを呼ぶ」

# 模擬テスト Part2 再チャレンジ①

**MP3** track 147-176

1. Mark your answer on your answer sheet.　Ⓐ Ⓑ Ⓒ
2. Mark your answer on your answer sheet.　Ⓐ Ⓑ Ⓒ
3. Mark your answer on your answer sheet.　Ⓐ Ⓑ Ⓒ
4. Mark your answer on your answer sheet.　Ⓐ Ⓑ Ⓒ
5. Mark your answer on your answer sheet.　Ⓐ Ⓑ Ⓒ
6. Mark your answer on your answer sheet.　Ⓐ Ⓑ Ⓒ
7. Mark your answer on your answer sheet.　Ⓐ Ⓑ Ⓒ
8. Mark your answer on your answer sheet.　Ⓐ Ⓑ Ⓒ
9. Mark your answer on your answer sheet.　Ⓐ Ⓑ Ⓒ
10. Mark your answer on your answer sheet.　Ⓐ Ⓑ Ⓒ
11. Mark your answer on your answer sheet.　Ⓐ Ⓑ Ⓒ
12. Mark your answer on your answer sheet.　Ⓐ Ⓑ Ⓒ
13. Mark your answer on your answer sheet.　Ⓐ Ⓑ Ⓒ
14. Mark your answer on your answer sheet.　Ⓐ Ⓑ Ⓒ
15. Mark your answer on your answer sheet.　Ⓐ Ⓑ Ⓒ

16. Mark your answer on your answer sheet. Ⓐ Ⓑ Ⓒ

17. Mark your answer on your answer sheet. Ⓐ Ⓑ Ⓒ

18. Mark your answer on your answer sheet. Ⓐ Ⓑ Ⓒ

19. Mark your answer on your answer sheet. Ⓐ Ⓑ Ⓒ

20. Mark your answer on your answer sheet. Ⓐ Ⓑ Ⓒ

21. Mark your answer on your answer sheet. Ⓐ Ⓑ Ⓒ

22. Mark your answer on your answer sheet. Ⓐ Ⓑ Ⓒ

23. Mark your answer on your answer sheet. Ⓐ Ⓑ Ⓒ

24. Mark your answer on your answer sheet. Ⓐ Ⓑ Ⓒ

25. Mark your answer on your answer sheet. Ⓐ Ⓑ Ⓒ

26. Mark your answer on your answer sheet. Ⓐ Ⓑ Ⓒ

27. Mark your answer on your answer sheet. Ⓐ Ⓑ Ⓒ

28. Mark your answer on your answer sheet. Ⓐ Ⓑ Ⓒ

29. Mark your answer on your answer sheet. Ⓐ Ⓑ Ⓒ

30. Mark your answer on your answer sheet. Ⓐ Ⓑ Ⓒ

## 模擬テスト Part2 ①トランスクリプト&解答・解説

**1.** Hi, I'm Marco. What's your name?「こんにちは。私は Marco です。あなたの名前は何ですか?」

| | |
|---|---|
| (A) I don't think so. | (A) そのようには思いません。 |
| (B) I'm a student. | (B) 私は学生です。 |
| (C) I'm Ross. | (C) 私は Ross です。 |

◆正解 **(C)**:名前は何かを尋ねている質問であるため、答えは (C)。

**2.** How've you been these days?「最近調子はどうですか?」

| | |
|---|---|
| (A) Pretty good! | (A) なかなかいいです。 |
| (B) They have been very nice. | (B) 彼らは、とてもいいです。 |
| (C) No, I didn't go anywhere. | (C) いいえ、どこにも行きませんでした。 |

◆正解 **(A)**:"How are you?" を、現在完了形を使った形で尋ねると "How've you been?(How have you been?)" となる。互いに会っていなかった期間も含めて「元気にしてましたか」、「(この所)調子はどうですか」といった意味となる。(A) 調子が「なかなかいい」と伝えており会話が成立。(B) 主語が they であり、質問と不一致。

**3.** How much money do you have now?「今、お金をいくら持っていますか?」

| | |
|---|---|
| (A) It's cheap. | (A) 安いです。 |
| (B) Ten to twenty minutes. | (B) 10 分から 20 分です。 |
| (C) Only ten dollars. | (C) 10 ドルだけです。 |

◆正解 **(C)**:所持金について尋ねている。(B) 数字が出てくるが、単位は "minutes(分)" で、時間の長さを答えているため、質問の答えにはならない。

**4.** Where were you this morning?「あなたは、今朝どこにいたのですか?」

| | |
|---|---|
| (A) Yes, I was there. | (A) はい、私はそちらにいました。 |
| (B) I'm upstairs now. | (B) 今、2 階にいます。 |
| (C) In the library. | (C) 図書館です。 |

◆正解 **(C)**:疑問詞 where を用いて場所を尋ねる質問文。時制は過去形。(A) Yes/No では答えられないため誤り。(B)「今どこにいるか」を説明しており不正解。upstairs「2 階で、上階で」

**5.** Do you know who that man is?「あの男性が誰だか知っていますか？」

| | |
|---|---|
| (A) Yes, he's next to Bob.<br>(B) Do you mean the man in a black suit?<br>(C) He's coming soon. | (A) はい、彼は Bob の隣にいます。<br>(B) 黒いスーツを着ている男性のことですか？<br>(C) 彼はまもなく来ます。 |
| ◆正解（B）：質問者は、"that man が誰であるか"を"知っているか"、相手に尋ねている。(A) "Yes"で答えており、一瞬質問に答えている印象を受けるが質問の答えにはなっていない。(B) "that man"とは「黒いスーツを着ている男性」のことかを質問者に確認している。Do you mean ~?「~のことですか？」(C) 答えとしては不自然。 ||

**6.** When did Mr. Smith call?「Mr. Smith はいつ電話をかけてきましたか？」

| | |
|---|---|
| (A) I called him this morning.<br>(B) You can call him anytime.<br>(C) About an hour ago. | (A) 私は、今朝彼に電話をかけました。<br>(B) いつでも、彼に電話できますよ。<br>(C) 約 1 時間ほど前です。 |
| ◆正解（C）：when で始まる疑問文。Mr. Smith が「いつ電話をかけてきたか」を尋ねている。(A)「私が」「いつ電話をかけた」が尋ねられているわけではない。(B) anytime「いつでも」 ||

**7.** It isn't easy to get a taxi Friday afternoons.「金曜日の午後にタクシーを捕まえるのは簡単ではありません。」

| | |
|---|---|
| (A) Why don't we go by bus?<br>(B) Yes, I'm supposed to be there.<br>(C) I like Friday afternoons. | (A) バスで行きませんか？<br>(B) はい、そちらに伺うことになっています。<br>(C) 私は、金曜日の午後は好きです。 |
| ◆正解（A）：質問文ではなく相手への話しかけの言葉。「タクシーを捕まえるのが容易ではない」ことが話題となっており、「バスで行こう」と提案をする (A) が正解。Why don't we ~?「~しませんか」(B) と (C) は共に応答文としては不自然。be supposed to ~「~することになっている」 ||

**8.** What's your new boss like?「新しい上司はどのような人ですか？」

| | |
|---|---|
| (A) She likes our office.<br>(B) She's friendly and nice.<br>(C) I want to see her too. | (A) 彼女は、私たちの事務所を気に入っています。<br>(B) 彼女は、友好的でいい人です。<br>(C) 私も彼女に会いたいです。 |
| ◆正解（B）：What's ～ like?「(～の部分に「人」が入れば) ～はどのような人ですか」、(「物、場所」であれば) ～はどのような物、場所ですか」 (A) new boss の人物を説明する表現ではないため、答えとして不自然。(B) friendly「友好的な、親しみのある」(C) 質問文への応答としては、不自然。 ||

**9.** Do you mind if I smoke here?「こちらで煙草を吸ってもいいですか？」

| | |
|---|---|
| (A) No, but there is a smoking area over there.<br>(B) Yes, it's here.<br>(C) You didn't go, did you? | (A) いいですが、あちらに喫煙所がありますよ。<br>(B) はい、ここにあります。<br>(C) あなたは行かなかったのですね。 |
| ◆正解（A）：Do you mind ～?「～してもいいですか」 (A) smoking area「喫煙所」(B)、(C) 共に、質問の答えとしては不自然。 ||

**10.** Have you seen my umbrella?「私の傘を見かけませんでしたか？」

| | |
|---|---|
| (A) Yes, I took my umbrella.<br>(B) Why don't you check the umbrella stand?<br>(C) No, it's not yours. | (A) はい、私は自分の傘を持っていきました。<br>(B) 傘立てを確認してはどうですか？<br>(C) いいえ、それはあなたのものではありません。 |
| ◆正解（B）：「傘を見ませんでしたか？」と尋ねることで「(質問者の) 傘が見当たらない」ということが伺える。(B) Why don't you ～?「～してはどうですか」、umbrella stand「傘立て」 ||

**11.** Why weren't you on the eight o'clock bus this morning?「今朝なぜ 8 時のバスに乗っていなかったのですか？」

| (A) I'll take the eight-thirty bus.<br>(B) I overslept.<br>(C) I don't like the train. | (A) 私は 8 時 30 分のバスに乗るつもりです。<br>(B) 寝坊しました。<br>(C) 電車が好きではありません。 |
|---|---|

◆**正解（B）**：否定疑問文、時制は過去形で、「どうして、今朝 8 時 30 分のバスに乗っていなかったのか」と理由を尋ねている。(be) on a bus「バスに乗っている」 (A) will を使った未来形であり、「バスに乗らなかった」理由とはならない内容。(B) oversleep「寝坊する」過去形は overslept (C) bus の話題であり train の話題ではない。

**12.** What's the weather like in L.A. now?「今の Los Angeles の天気はどうですか？」

| (A) It's sunny and nice.<br>(B) I like the climate there.<br>(C) They are fine. | (A) 晴れていていいお天気です。<br>(B) そちらの気候を気に入っています。<br>(C) それらは、いいですよ。 |
|---|---|

◆**正解（A）**：What's ～ like?「～はどうですか」 現在の天気を尋ねている。(B) 天候が好きかどうかを尋ねられているわけではないため不正解。climate「天候」 (C) the weather を説明するのに代名詞は it。they で応えるのでは、質問とは一致しなくなる。

**13.** Were you able to see Mr. Fox in London?「ロンドンで、Mr. Fox に会うことができましたか？」

| (A) Hopefully, I will.<br>(B) Yes, I was.<br>(C) No, he wasn't. | (A) できれば、会うことになっています。<br>(B) はい、会えました。<br>(C) いいえ、彼は会えませんでした。 |
|---|---|

◆**正解（B）**：(be) able to ～ を使っての質問文。be 動詞は過去形であるため「できた」かどうかを尋ねている。(A) will を使って答えており、質問文とは時制が不一致。hopefully「できれば、願わくは」(C) 代名詞 he が主語となるのは不自然。

**14.** Do you know what day Ms. Simpson is coming to Tokyo?「Ms. Simpsonは何日に東京に来るか、ご存じですか？」

| (A) Around 2 o'clock.<br>(B) In the morning.<br>(C) On Monday. | (A) 2時頃です。<br>(B) 午前中です。<br>(C) 月曜日です。 |
|---|---|
| ◆正解（C）：「Ms. Simpsonが what day に来るかを知っているか」どうかを相手に尋ねている。Yes/Noで答えられる質問文ではあるが、質問者は最終的に what day を知りたいことから、what day を説明する（C）が答えとなる。 ||

**15.** Is this a photograph of your sister?「これは、あなたのお姉さん（妹さん）の写真ですか？」

| (A) Yes, her name is Linda.<br>(B) No, she isn't.<br>(C) It's on the desk. | (A) はい、彼女の名前は Linda といいます。<br>(B) いいえ、彼女ではありません。<br>(C) 机の上にあります。 |
|---|---|
| ◆正解（A）：be動詞で始まる Yes/No で答えられる質問文。(A) 写真が sister のものであることを Yes で答え、その後に名前を伝えている。(A) が正解。(B) a photograph の代名詞は it であり、she で答えるのは不自然。 ||

**16.** How often do you check your e-mail on weekends?「週末はどれくらい e-mail を確認しますか？」

| (A) Every Tuesday.<br>(B) I don't usually check it on holidays.<br>(C) I checked them just now. | (A) 毎週火曜日です。<br>(B) 普段の休みの日には確認しません。<br>(C) たった今、それらを確認しました。 |
|---|---|
| ◆正解（B）：how often で始まる「頻度」を尋ねる質問文。on weekends があり、「週末には」と、期間が限定された頻度が尋ねられている。(A) every ～ は頻度を説明する表現ではあるが、Tuesday は週末ではない。(B) on holidays は「休日、祝祭日」を表しており、on weekends も含まれる。(C)「いつ確認したか」が尋ねられているわけではないため不正解。 ||

**17.** Where is your suitcase?「あなたのトランクはどこですか？」

| | |
|---|---|
| (A) I already checked in. <br> (B) I have two. <br> (C) Yes, I'm wearing a suit. | (A) 既にチェックインしました。 <br> (B) 2つあります。 <br> (C) はい、私はスーツを着ています。 |
| ◆正解（A）：疑問詞 where で、どこにあるかの場所を尋ねているが、質問者には「見当たらないが、どうしたのか」という意図もある。(A) check in「(荷物を) チェックインする」 ||

**18.** Are you planning to take a vacation this summer?「今年の夏、休暇を取る予定ですか？」

| | |
|---|---|
| (A) Yes, we're going to Spain. <br> (B) You should definitely take some days off. <br> (C) No, she isn't. | (A) はい、私たちはスペインに行くつもりです。 <br> (B) あなたは、確かに何日間か休暇を取るべきです。 <br> (C) いいえ、彼女は違います。 |
| ◆正解（A）：Are you planning to ~?「~する予定ですか」take a vacation「休暇を取る」(B) 質問者が話し相手に尋ねているのに、答える側が「あなたは~するべき」と提案をするのは不自然。definitely「当然、もちろん」take a day off「1日休みを取る」(C) 代名詞 she を使って答えるのは、質問と一致しないことになる。 ||

**19.** When are you checking out?「いつ、チェックアウトをしますか？」

| | |
|---|---|
| (A) Early tomorrow morning. <br> (B) I'm on vacation. <br> (C) I like the hotel. | (A) 明日の朝早くです。 <br> (B) 私は休暇中です。 <br> (C) 私はホテルを気に入っています。 |
| ◆正解（A）：疑問詞 when で「いつ」を尋ねる質問文。現在進行形であるが、近い未来のことを尋ねている。(B)、(C) 共に、質問への応答にはならない。(be) on vacation「休暇中である」 ||

**20.** Is the International Convention Center far from here? 「国際会議センターは、ここから遠いですか？」

| | |
|---|---|
| (A) It's a nice place. <br> (B) Yes, they are. <br> (C) It's about 10 minutes by taxi. | (A) いい場所ですね。 <br> (B) はい、それらはそうです。 <br> (C) タクシーで約 10 分です。 |
| ◆正解（**C**）：be 動詞で始まる Yes/No 質問文であるが、「遠いですか」と尋ねることで、質問者に「どのくらいの時間がかかるのか」という意図も含まれる。(B) 質問文の the International Convention Center は代名詞に置きかえると it であり、they で答えるのは不適切。 ||

**21.** Are you excited about your trip to Japan? 「日本への旅行は楽しみですか？」

| | |
|---|---|
| (A) No, I wasn't. <br> (B) Yes, very much. <br> (C) No, you aren't. | (A) いいえ、私は違いました。 <br> (B) はい、とても。 <br> (C) いいえ、あなたは違います。 |
| ◆正解（**B**）：be 動詞で始まる Yes/No で答える質問文。時制と代名詞に注意が必要。(be) excited about ~「~にワクワクしている、~が楽しみである」 ||

**22.** Hello, may I speak to Mr. Bridge? 「もしもし、Bridge さんはいらっしゃいますか？」

| | |
|---|---|
| (A) In the airport. <br> (B) I didn't know that. <br> (C) He's out right now. | (A) 空港です。 <br> (B) 私は、そのことを存じませんでした。 <br> (C) 彼は、ただ今外出中です。 |
| ◆正解（**C**）：May I speak to ~?「（電話で）~さんはいますか、~さんをお願いします」(C)「彼（=Mr. Bridge）が（ここにはいなくて）、外出している」との説明が行なわれており、(C) が正解。(be) out「外出中である」 ||

**23.** When did you buy your computer? 「あなたのコンピュータはいつ買ったのですか？」

| | |
|---|---|
| (A) At a retail store downtown. <br> (B) A couple of years ago. <br> (C) I bought the new version. | (A) 繁華街の小売店で。 <br> (B) 数年前に。 <br> (C) 新しいバージョンのものを買いました。 |
| ◆正解（**B**）：疑問詞 when で始まる「いつ」を尋ねる疑問文。(A) 場所を答えており不正解。in downtown「繁華街で、中心街で」 ||

**24.** Do you have a copy of your resume?「あなたの履歴書のコピーはありますか？」

| | |
|---|---|
| (A) Here it is. | (A) ここにあります。 |
| (B) No, it's not my resume. | (B) いいえ、それは私の履歴書ではありません。 |
| (C) There is no printing room. | (C) 印刷室はありません。 |

◆正解 **(A)**：Do you have ~?「~を持っていますか、~はありますか」、resume「履歴書」(A) Here it is.「(それは) こちらにあります」(B)「(履歴書のコピーを) 持っているか」どうかを尋ねられているのに、「それ (it) は、自分のものではない」と答えるのは不自然。(C) ここでは、「printing room がない」ことは関係がない。printing room「印刷室」

**25.** Are you working on the final report?「最終レポートの作業をしているのですか？」

| | |
|---|---|
| (A) I'll be done very soon. | (A) まもなく、終了します。 |
| (B) In the conference room. | (B) 会議室で。 |
| (C) He's a good adviser. | (C) 彼は、良いアドバイザーです。 |

◆正解 **(A)**：be 動詞で始まる Yes/No 質問文だが、質問者には「final report がどのような状態にあるか」を尋ねる意図がある。work on ~「~に取り組む」(A) (be) done「終了する、完成する、仕上がる」(B) 場所を説明しており、答えにはならない。conference room「会議室」(C) 代名詞 he が誰のことなのか不明で、質問の答えにはならない。

**26.** What do you usually do on Friday evenings?「金曜日の午後は、通常何をしますか？」

| | |
|---|---|
| (A) I like weekends very much. | (A) 私は週末が大好きです。 |
| (B) No, thank you. | (B) いいえ、結構です。 |
| (C) It depends. | (C) その時によります。 |

◆正解 **(C)**：疑問詞 what で金曜日の午後に「何をするか」を尋ねている。(A)「好き」かどうかを答えるのは不自然。(B) 何に対して断っているのかが不明。(C) It depends.「それは時と場合による、状況によりけりである」

**27.** Front desk, how may I help you?「はい、フロントです。いかがされましたか？」

| | |
|---|---|
| (A) I want to know about international calls. | (A) 国際電話について知りたいのですが。 |
| (B) Thank you for your support. | (B) 支援してくれてありがとうございます。 |
| (C) You need help anyway. | (C) とにかく、あなたは支援が必要です。 |
| ◆正解 **(A)**：ホテル等でフロントが電話を受けた時の表現。電話をかけてきた人に対して用件が何かを尋ねている。(A) international calls「国際電話」(B) お礼を述べるのは不自然。thank you for ～「～をありがとう」(C) (A) 同様、応答として不自然。 | |

**28.** Is this your mobile phone or Helen's?「これはあなたの携帯電話ですか？それとも Helen のですか？」

| | |
|---|---|
| (A) You can put it on the table. | (A) それをテーブルに置いておくことができます。 |
| (B) Sorry, there is no such phone here. | (B) すみません。そのような電話はここにはないです。 |
| (C) Actually, it's Martha's. | (C) 実は、それは Martha のものなのです。 |
| ◆正解 **(C)**：be 動詞で始まる質問文だが、or が用いられており「あなたの（携帯電話）」か、または「Helen の（携帯電話）」かが尋ねられている。(A)「(2人の) どちらに所属するか」が尋ねられている状況で、答える内容にはならない。put ～ on …「～を…の上に置く」(B)「そのような電話（such phone）がない」と答えるのも不自然。 | |

**29.** When are you going to move into your new house?「新居にはいつ引っ越しますか？」

| | |
|---|---|
| (A) This is the second time. | (A) 今回は 2 度目です。 |
| (B) It's in the city. | (B) それは、都会にあります。 |
| (C) In a month. | (C) 1 カ月後に。 |
| ◆正解 **(C)**：疑問詞 when を用いて「時」を尋ねている。move into ～「～に引っ越す」(A) time という語は使用されているが、when の内容を説明するものではない。second time「2 回（目）、2 度（目）」(B) 場所を説明しており、質問文の答えとして一致しない。(C) in a month「1 カ月後に」in ～「～後に（「～以内」の意味とはならないため注意）」 | |

**30.** Why did you come late this morning?「今朝、どうして遅刻したのですか？」

| | |
|---|---|
| (A) She was angry. | (A) 彼女は怒っていました。 |
| (B) I missed the bus. | (B) バスに乗り遅れました。 |
| (C) No, it wasn't. | (C) いいえ、それは違います。 |

◆正解（B）：疑問詞 why で「遅刻したその理由」尋ねている。(A) 代名詞 she が誰のことなのかが不明で、答えとして不自然。(B) miss 〜（乗り物等）「〜に乗り遅れる」(C) Yes/No で答えられる質問ではない。また、代名詞 it も何のことを指すのか不明。

# 模擬テスト Part2 再チャレンジ②

**MP3 track 177-206**

1. Mark your answer on your answer sheet.  Ⓐ Ⓑ Ⓒ

2. Mark your answer on your answer sheet.  Ⓐ Ⓑ Ⓒ

3. Mark your answer on your answer sheet.  Ⓐ Ⓑ Ⓒ

4. Mark your answer on your answer sheet.  Ⓐ Ⓑ Ⓒ

5. Mark your answer on your answer sheet.  Ⓐ Ⓑ Ⓒ

6. Mark your answer on your answer sheet.  Ⓐ Ⓑ Ⓒ

7. Mark your answer on your answer sheet.  Ⓐ Ⓑ Ⓒ

8. Mark your answer on your answer sheet.  Ⓐ Ⓑ Ⓒ

9. Mark your answer on your answer sheet.  Ⓐ Ⓑ Ⓒ

10. Mark your answer on your answer sheet.  Ⓐ Ⓑ Ⓒ

11. Mark your answer on your answer sheet.  Ⓐ Ⓑ Ⓒ

12. Mark your answer on your answer sheet.  Ⓐ Ⓑ Ⓒ

13. Mark your answer on your answer sheet.  Ⓐ Ⓑ Ⓒ

14. Mark your answer on your answer sheet.  Ⓐ Ⓑ Ⓒ

15. Mark your answer on your answer sheet.  Ⓐ Ⓑ Ⓒ

16. Mark your answer on your answer sheet. Ⓐ Ⓑ Ⓒ

17. Mark your answer on your answer sheet. Ⓐ Ⓑ Ⓒ

18. Mark your answer on your answer sheet. Ⓐ Ⓑ Ⓒ

19. Mark your answer on your answer sheet. Ⓐ Ⓑ Ⓒ

20. Mark your answer on your answer sheet. Ⓐ Ⓑ Ⓒ

21. Mark your answer on your answer sheet. Ⓐ Ⓑ Ⓒ

22. Mark your answer on your answer sheet. Ⓐ Ⓑ Ⓒ

23. Mark your answer on your answer sheet. Ⓐ Ⓑ Ⓒ

24. Mark your answer on your answer sheet. Ⓐ Ⓑ Ⓒ

25. Mark your answer on your answer sheet. Ⓐ Ⓑ Ⓒ

26. Mark your answer on your answer sheet. Ⓐ Ⓑ Ⓒ

27. Mark your answer on your answer sheet. Ⓐ Ⓑ Ⓒ

28. Mark your answer on your answer sheet. Ⓐ Ⓑ Ⓒ

29. Mark your answer on your answer sheet. Ⓐ Ⓑ Ⓒ

30. Mark your answer on your answer sheet. Ⓐ Ⓑ Ⓒ

# 模擬テスト Part2 ②トランスクリプト&解答・解説

**1.** Who is the man talking with Jane?「Jane と話をしている男性は誰ですか？」

| | |
|---|---|
| (A) She is my sister. | (A) 彼女は私の妹（姉）です。 |
| (B) He is next to James. | (B) 彼は James の隣にいます。 |
| (C) I think he is our new boss. | (C) 私たちの新しい上司だと思います。 |

◆正解 **(C)**：man（男性）の代名詞は He。(A) 代名詞 she で答えており、誰を指すか不明。(B) next to James「James の隣に（いる）」と場所の説明をしているため、「誰が」の答えになっていない。

**2.** It was a good idea to come by train, wasn't it?「電車で来たのは、いい考えでしたよね？」

| | |
|---|---|
| (A) Yes, the traffic was terrible. | (A) はい、交通渋滞がひどかったですから。 |
| (B) He is such a good driver. | (B) 彼は、なかなかいいドライバーです。 |
| (C) No, the line is still busy. | (C) いいえ、まだ話し中です。 |

◆正解 **(A)**：付加疑問文にて、相手に同意を求めている。(A) 相手からの問いかけに同意をして、交通渋滞のひどさを話している。traffic「交通（量）」、terrible「ひどく悪い」 (B) 代名詞 he は誰のことか不明。 (C) line とは電話回線のこと。「（電話が）話し中である」との説明。応答文として成立しないことは明らか。

**3.** What time does your flight to Las Vegas leave?「あなたのラスベガス行きの便は何時出発ですか？」

| | |
|---|---|
| (A) It leaves from New York. | (A) ニューヨークから発ちます。 |
| (B) I don't know the branch office in Las Vegas. | (B) ラスベガスの支店のことは知りません。 |
| (C) I'm trying to find that out too. | (C) 私もそれを調べようとしているところです。 |

◆正解 **(C)**：what time で時間、時を尋ねている。flight「飛行機の便、フライト」 (A) 場所を尋ねられているわけではない。leave from ～「～から出発する」(B) branch office「支店」のことを質問されているわけではない。(C) find out ～「～を調べる」

**4.** Which way is the post office?「郵便局はどちらですか？」

| (A) This is the best.<br>(B) Go straight and you'll see it on your left.<br>(C) It's easier this way. | (A) これが最良です。<br>(B) まっすぐ行くと、左側にあります。<br>(C) この方がより簡単です。 |
|---|---|
| ◆**正解 (B)**：郵便局への行き方を尋ねている。(A) this は何を指しているかが不明瞭で、答えになっていない。(B) it は the post office を指している。go straight「まっすぐ行く」、on one's left/right「(〜の) 左側/右側に」(C) 何が easier「より簡単」なのかがはっきりせず、道の説明になっていない。 | |

**5.** Do you sell films?「フィルムは売っていますか？」

| (A) You can try the store across from here.<br>(B) No, this is a digital camera.<br>(C) You look nice in the photo. | (A) ここの向かいのお店で聞いてみてください。<br>(B) いいえ、これはデジタルカメラです。<br>(C) あなたは、写真写りがいいですね。 |
|---|---|
| ◆**正解 (A)**：Yes/No 疑問文による問いかけ。(A)「(ここにはフィルムがないから) 向かいの店を訪ねて」とアドバイスしている。across from 〜「〜の向かいに」(B)、(C) 共にカメラや写真の話ではあるが、対話が成立していない。 | |

**6.** How's everything with you?「調子はどうですか？」

| (A) Same as always.<br>(B) He is fine.<br>(C) She has a bad cold. | (A) 相変わらずですよ。<br>(B) 彼は、元気です。<br>(C) 彼女はひどい風邪を引いています。 |
|---|---|
| ◆**正解 (A)**："How are you?" との問いかけと同様の挨拶。(A) same as always「いつも通りで」(B)、(C) 共に、代名詞 he, she が誰のことか不明。 | |

**7.** May I try this on?「これを試着してもいいですか？」

| | |
|---|---|
| (A) Yes, you can put a tray on the table.<br>(B) Sure, the fitting room is over there.<br>(C) No, she's wearing a different dress. | (A) はい、あなたはトレイをテーブルに置けます。<br>(B) はい、試着室はあちらです。<br>(C) いいえ、彼女は違うドレスを身に付けています。 |
| ◆正解 **(B)**：try ~ on / try on ~「~を試着する」（A）質問の答えにならない。tray と try など発音も似ており listener を混乱させている。put a tray on ~「トレイを~に置く」（B）fitting room「試着室」（C）質問の内容と答えが合っていない。 ||

**8.** How did you go to the airport yesterday?「昨日はどうやって飛行場に行ったのですか？」

| | |
|---|---|
| (A) No, there's no airport bus.<br>(B) Laura gave me a ride.<br>(C) I didn't tell him anything. | (A) いいえ。空港バスはありません。<br>(B) Laura が車で送ってくれました。<br>(C) 彼には何も言いませんでした。 |
| ◆正解 **(B)**：疑問詞 How「どのように」で空港への行き方を尋ねている。（A）Yes/No で答えられる質問でないため、答えとならない。（B）give +（人）+ a ride「（人を）車に乗せてあげる」（C）him は誰を指すかが不明。 ||

**9.** Can you tell me how to get to the NNN building?「NNN ビルへの行き方を教えてくれますか？」

| | |
|---|---|
| (A) Its business has been picking up.<br>(B) You can get a position in the NNN Corporation.<br>(C) Sorry, I'm a stranger here. | (A) そのビジネスは盛況です。<br>(B) あなたは NNN 株式会社で職に就けるでしょう。<br>(C) すみません、私はここの地元の者ではありません。 |
| ◆正解 **(C)**：Can you tell me how to get to~?「~への行き方を教えてくれますか」（A）質問と応答とが合っていない。pick up「回復する、元気づく、（経済などが）上向く」（B）（A）同様、質問の答えにはならない。（C）stranger「よそから来た人、見知らぬ人」 ||

**10.** Who brought these flowers?「誰がこれらの花を持ってきたのですか？」

| (A) Mrs. Kalmer did. | (A) Mrs. Kalmer です。 |
| (B) She took them. | (B) 彼女がそれらを持っていきました。 |
| (C) They're very beautiful. | (C) それらはとても美しいですね。 |

◆正解（A）：疑問詞 who が主格となる疑問文。(B)「誰が」を尋ねる質問に対して、代名詞 she で答えたのでは、答えとならない。(C)(B) 同様、「誰が」を尋ねる質問の答えにはなっていない。

**11.** Do you know what time the bank on the first floor opens?「1階にある銀行が何時に開くかわかりますか？」

| (A) Next to Hobson's Bakery. | (A) ホブソンズ・ベーカリーの隣です。 |
| (B) At nine-thirty in the morning. | (B) 午前9時半です。 |
| (C) On weekdays. | (C) 平日です。 |

◆正解（B）：what time で時間、時を尋ねている。(A) 場所を答えており、不適切。(C) 時間を尋ねている質問への応答にはならない。

**12.** How much is a round-trip to Shanghai?「上海までの往復料金はいくらですか？」

| (A) Yes, it is. | (A) はい。その通りです。 |
| (B) Let me check that, please. | (B) お調べします。 |
| (C) Three tickets. | (C) チケット3枚です。 |

◆正解（B）：How much ～?「～はいくらですか」で、値段、価格を尋ねている。round-trip「往復の（旅行、切符など）」(A) Yes で答えるのは不自然。(B) let me ～「（私に）～させて」(C) チケットの枚数を尋ねられたわけではない。

**13.** When did the meeting end?「会議はいつ終わりましたか？」

| (A) In the conference room on the second floor. | (A) 2階の会議室で。 |
| (B) Only a few minutes ago. | (B) ほんの数分前です。 |
| (C) For about thirty minutes. | (C) 約30分間です。 |

◆正解（B）：疑問詞 when で時を尋ねている。(A) 場所について説明しているため答えとならない。conference room「会議室」、on the _th floor「～階で」(C) 時間の長さを尋ねられているわけではないため答えとならない。

**14.** Haven't you seen Dr. Doyle lately?「Doyle 博士には最近会っていなかったですか？」

| (A) Yes, I want to see him.<br>(B) Not since last Monday.<br>(C) He's such a nice gentleman. | (A) はい、私は彼に会いたいです。<br>(B) 先週の月曜日から会っていません。<br>(C) 彼は、とても素敵な紳士です。 |
| --- | --- |
| ◆正解（B）：現在完了形による否定疑問文。（A）会いたいかどうかを尋ねられたわけではないため、答えとしては不自然。（B) not since ～「～以来ない」（C) Dr. Doyle の人物について尋ねた質問文ではない。 | |

**15.** How often does the president visit your office?「社長は、どれくらい頻繁に事務所を訪れるのですか？」

| (A) Once a year or so.<br>(B) He's excited about that.<br>(C) Yes, he's already been here. | (A) 年に1回くらいです。<br>(B) 彼はそのことで喜んでいます。<br>(C) はい。彼はすでにこちらに来ました。 |
| --- | --- |
| ◆正解（A）：How often ～?「どれくらいの頻度で～」、president「(会社の) 社長、代表取締役」（B) that は何を指しているかが不明。（C) これまでの経緯を尋ねられているわけではないため答えとして不自然。 | |

**16.** Why did Angela call the travel agent?「Angela はなぜ、旅行代理店の人に電話をしたのですか？」

| (A) Yesterday evening.<br>(B) I don't know the agent.<br>(C) She wanted to change her flight. | (A) 昨日の夕方です。<br>(B) 代理人のことは知りません。<br>(C) 彼女は、フライトを変更したかったのです。 |
| --- | --- |
| ◆正解（C）：疑問詞 why で、理由を尋ねている。（A) 時を尋ねられた場合の応答。答えにはならない。（B) 質問者は Angela のことについて尋ねているのに、自分のことを答えるのは不自然。 | |

**17.** Which bus goes to your office?「どのバスがあなたの事務所に行きますか？」

| | |
|---|---|
| (A) Take the number 37 at the corner bus stop.<br>(B) He drives to the office every day.<br>(C) We like our new office better. | (A) 角のバス停で、37番のバスに乗ってください。<br>(B) 彼は、毎日マイカー通勤をしています。<br>(C) 我々は、新しい事務所の方が好きです。 |

◆正解 **(A)**：たくさんあるバスの中で「どのバス」なのかを尋ねている。(A) take ～「(乗り物に) 乗る」、bus stop「バス停」(B)、(C) 共に、バスのことを尋ねられている質問の応答にはならず、対話は成立しない。

**18.** I don't think there are enough chairs for everybody.「全員分の椅子があるとは思えないですが。」

| | |
|---|---|
| (A) I'll bring extra folding seats from the meeting room.<br>(B) These chairs are quite comfortable.<br>(C) Not everyone enjoyed the show yesterday. | (A) 私が会議室から予備の折りたたみ椅子を持ってきます。<br>(B) これらの椅子はなかなか座り心地がいいです。<br>(C) すべての人が昨日のショーを楽しんだわけではありません。 |

◆正解 **(A)**：疑問文ではない相手への話しかけの文。(A) extra「余分な、追加の」、folding seat「折りたたみ椅子」(B)、(C) 共に、「椅子の数が足らない」という話者の問いかけには答えていない。not everyone ～「皆が～ではない」

**19.** How about calling a second hand store?「リサイクル店に電話をしてみてはいかがでしょうか？」

| | |
|---|---|
| (A) I bought my laptop at a recycle shop.<br>(B) Sounds good to avoid these desks going to waste.<br>(C) The first store will be opened next year. | (A) 私はノートパソコンをリサイクルショップで買いました。<br>(B) これらの机が無駄になってしまうのを避けるのはいい考えですね。<br>(C) 第一号店は来年オープンします。 |

◆正解 **(B)**：How about ～?「～してみてはどうか」と、提案している。(A) laptopをどこで買ったのかは、ここでは問題ではない。laptop「ノートパソコン」(B) Sounds good to～「～するのはよさそうですね。」("That sounds good." や "It sounds good." の That、It が省略。)、avoid「～を避ける」go to waste「無駄になる」(C) (A) 同様、問いかけには応答していない内容。

**20.** Are you Mr. Tailor's sister?「あなたは Mr. Tailor の妹（姉）ですか？」

| | |
|---|---|
| (A) No, I can't see him.<br>(B) No, Mr. Tailor is not here.<br>(C) No, his sister is over there. | (A) いいえ。彼を見ることができません。<br>(B) いいえ。Mr. Tailor はここにはいません。<br>(C) いいえ。彼の妹(姉)はあそこにいます。 |
| ◆正解（C）：(A) 質問に対する答えにならない。(B) Mr. Tailor の sister について尋ねられているため、Mr. Tailor のことについて答えるのは不自然。 | |

**21.** Mr. Parkson is not here right now, would you like to leave a message?「Mr. Parkson はただ今外出中です。何か伝言はありますか？」

| | |
|---|---|
| (A) It's not urgent, so I'll call him again.<br>(B) We don't know him very well.<br>(C) I will tell him that. | (A) 急ぎではないので、またかけ直します。<br>(B) 私たちは彼のことはよく知りません。<br>(C) 彼にそのことを伝えます。 |
| ◆正解（A）：かかってきた電話を受けた人が、応えている状況。Would you like to ～?「～したいですか、～しませんか」(A) urgent「緊急の」(B) him は Mr. Parkson を指していると考えられるが、「知らない」と答えるのは不自然。(C) 答えとして不自然。 | |

**22.** Where is the banquet going to be held next Friday?「次の金曜日、宴会はどこで開かれるのですか？」

| | |
|---|---|
| (A) Everyone in the sales department will.<br>(B) It will begin at six in the evening.<br>(C) I will check it right away. | (A) 販売部の皆です。<br>(B) 夕方の6時に始まります。<br>(C) すぐに調べます。 |
| ◆正解（C）：Where で始まる疑問文であり、場所について尋ねている。banquet「宴会、祝宴」、(be) held「開催される、開かれる」(A) 誰かを尋ねられているわけではないため、答えとしてふさわしくない。sales department「販売部、営業部」(B) 時間を答えているため不自然。(C) right away「すぐに」 | |

**23.** Is your assistant planning to attend the computer training session?
「あなたのアシスタントは、コンピュータの講習会に出席しますか?」

| | |
|---|---|
| (A) It was well-planned. <br> (B) He will, if his time permits. <br> (C) No, you shouldn't miss it! | (A) よく計画されていました。 <br> (B) 時間があれば、彼は出席するでしょう。 <br> (C) いいえ。欠席すべきではありません。 |
| ◆正解(B):plan to ~「~する計画をたてる、~するつもりである」、attend「出席する」、training session「講習会」(A) 時制も一致しておらず、また、「出席するか否か」を尋ねる質問の答えとはならない。well-planned「うまく計画された」(B) permit「許す、許可する」、if time permits「時間があれば」(C) 質問をされた側が相手に提案をするのは不自然。miss「~を休む、欠席する」 | |

**24.** What line of business are you in?「何のビジネスをしているのですか?」

| | |
|---|---|
| (A) Business is good at my shop. <br> (B) We can change subway lines here. <br> (C) I work in the automobile industry. | (A) 私の店は繁盛しています。 <br> (B) ここで地下鉄を乗り換えることができます。 <br> (C) 自動車産業に携わっています。 |
| ◆正解(C):疑問詞 what による質問文。line of business「業種;取扱商品」(A)、(B) 共に、仕事の分野を尋ねる質問の答えにはならない。change subway lines「地下鉄を乗り換える」 | |

**25.** Would you like a room with an ocean view?「海の景色の見える部屋がいいですか?」

| | |
|---|---|
| (A) That'll be great. <br> (B) Our clients will enjoy swimming. <br> (C) No, the weather is too bad. | (A) それは素晴らしいですね。 <br> (B) 我々のお得意さんたちは泳ぐことを楽しむでしょう。 <br> (C) いいえ、天気が悪過ぎます。 |
| ◆正解(A):Would you like ~?「~をご希望ですか、~はどうですか」、a room with ~「~のある部屋」(A) 代名詞 that は "a room with an ocean view" を指す。(B) Would you ~? と質問されているため、Our clients…と答えるのでは、対話が成立しない。(C) ここでは、天気は関係ない。 | |

**26.** Do you prefer a smoking area or a non-smoking area?「喫煙エリアがいいですか、それとも禁煙エリアがいいですか？」

| (A) No, I don't.<br>(B) I would like a non-smoking area.<br>(C) Yes, you can have both. | (A) いいえ、私は違います。<br>(B) 禁煙エリアをお願いします。<br>(C) はい、あなたは両方手に入れることができます。 |
|---|---|
| ◆正解（B）：or の入った疑問文。Do you ~? で始まるが、Yes/No では答えられないことに注意。prefer ~「~の方を好む」(A) 二者択一の質問文の答えにはならない。(C) 尋ねられているのに、you で話を返すのでは、対話が成立しない。 ||

**27.** Are you ready to order your food now?「料理の注文をする準備はもうできていますか？」

| (A) No, I wasn't.<br>(B) I haven't had any.<br>(C) Yes, please. | (A) いいえ、私は違いました。<br>(B) まだ、私は何も食べていません。<br>(C) はい、お願いします。 |
|---|---|
| ◆正解（C）：飲食店等で、接客係が話しかけている。(A) 時制に注意。Are you ~? と尋ねているため、過去形で返事はできない。(B)「注文する準備ができたか」の問いかけの答えにはならない。 ||

**28.** When will the marketing report be ready?「マーケティング報告書は、いつ準備できますか？」

| (A) I think it's by the computer.<br>(B) Sam is working hard on it now.<br>(C) The order is ready for shipment. | (A) コンピュータのそばにあると思います。<br>(B) Sam が今必死に頑張っています。<br>(C) その注文は、出荷できる状態にあります。 |
|---|---|
| ◆正解（B）：未来形で、疑問詞 when により時を尋ねている。marketing report「マーケティング（調査）報告書」(A) 場所を尋ねられているわけではない。by ~「~のそばに、わきに」(B) work hard「一生懸命がんばる」(C) ready for ~「~の準備が整っている」、shipment「出荷、輸送」 ||

**29.** Were you able to find your glasses?「メガネを見つけることはできましたか？」

| (A) Yes, you can have them.<br>(B) They were on my desk, thanks.<br>(C) No, she doesn't have mine. | (A) はい、（あなたは）それらを手にすることができます。<br>(B) 机の上にありました。ありがとう。<br>(C) いいえ、彼女は私のものを持っていません。 |
| --- | --- |
| ◆正解（B）：(be) able to ～「～できる」の表現を用いた Yes/No 質問文。時制に注意。(B) 代名詞 they は "glasses" を指す。(C) 代名詞 she が誰を指すかが不明。また、時制も一致していない。 | |

**30.** Why don't we invite the new accountant for lunch tomorrow?「新しい会計士の人を明日のランチに誘いませんか？」

| (A) Yes, it does.<br>(B) Because she is active.<br>(C) That's a good idea. | (A) はい。それはそうです。<br>(B) 彼女は活動的だからです。<br>(C) それはいい考えですね。 |
| --- | --- |
| ◆正解（C）：Why don't we ～?「～しませんか、～しましょう」accountant「会計士、経理担当」(A) it が何を指すかが不明。(B) Why で始まる質問ではあるが、理由を求められているものではない。答えとして不自然。 | |

**著者紹介**

**田上達夫**（たがみ　たつお）
自動車部品メーカー海外営業本部勤務後、アメリカバーモント州のセントマイケルズカレッジに留学、MATESL（英語教授法修士）。
バーモント州日米協会役員、各種ボランティア、現在 Maple.L.A 主催。
モットー：You can't win if you don't play.

**上田妙美**（うえだ　たえみ）
外資系保険会社に勤務後、アメリカバーモント州セントマイケルズカレッジにて MATESL（英語教授法修士）を修了。現在、大阪経済大学、大阪樟蔭女子大学で非常勤講師をしている。TOEIC の指導にもあたる。共著で「Access to Simple English」、「Listening Promoter for the TOEIC Test」（成美堂）などがある。

MP3音声の内容
　　時間…1時間50分32秒
　　ナレーション…Josh Keller / Carolyn Miller / Brad Holmes / Emma Howard / 山中一徳 / 久末絹代

---

**MP3音声付き TOEIC®TEST リスニング苦手解消トレーニング**

2013年9月25日　初版発行

| | |
|---|---|
| 著者 | 田上達夫　上田妙美 |
| カバーデザイン | OAK　小野光一 |

© Tatsuo Tagami, Taemi Ueda 2013, Printed in Japan

| | |
|---|---|
| 発行者 | 内田眞吾 |
| 発行・発売 | ベレ出版<br>〒162-0832　東京都新宿区岩戸町12 レベッカビル<br>TEL 03-5225-4790<br>FAX 03-5225-4795<br>ホームページ http://www.beret.co.jp/<br>振替 00180-7-104058 |
| 印刷 | 三松堂株式会社 |
| 製本 | 根本製本株式会社 |

落丁本・乱丁本は小社編集部あてにお送りください。送料小社負担にてお取り替えします。
本書の無断複写は著作権法上での例外を除き禁じられています。購入者以外の第三者による本書のいかなる電子複製も一切認められておりません。

ISBN978-4-86064-364-5 C2082　　　　　　　　　編集担当　綿引ゆか